LE GUIDE ULTIME DE PARIS, C'EST :

+ DE 100 ADRESSES VRAIMENT DÉLICIEUSES ET PAS DU TOUT CHÈRES

... + DE 150 QR CODES À SCANNER

LE TOP DE NOS ADRESSES, DES MAPS, DES PARCOURS, DU CONTENU EN + DES SURPRISES, DES ÉNIGMES : BREF, QUE DU KIF.

COMMENT LIRE CE LIVRE ?

POUR LES FAUCHÉS

PRENDRE EN PHOTO LES PAGES 16 ET 17
ET NE PAS ACHETER CE LIVRE.

POUR LES FLEMMARDS

RENDEZ-VOUS À LA FIN PAGE 169 POUR LE CHAPITRE ULTIME : TOUTES NOS ADRESSES CLASSÉES PAR ARRONDISSEMENTS.

POUR LIRE NOTRE HISTOIRE

DÉMARRER À LA PAGE 7,
LE RESTE EST INDIQUÉ.

POUR TROUVER LES 50 €

HAHAHAHAHAHA BIEN ESSAYÉ...
IL FAUT LIRE LE LIVRE, TU CROIS QUOI.

ET SINON ?

LIRE LE LIVRE EN ENTIER
EST AUSSI UNE OPTION

50€ DE FOOD CACHÉS DANS CE LIVRE

1. TROUVE LES PASTILLES

2. RÉSOUS CHAQUE ÉNIGME

3. PRÉSENTE-TOI AVEC TON LIVRE DANS LES RESTAUS AVEC LA RÉPONSE AUX ÉNIGMES

4. FAIS SIGNER UN DES ENCARTS PAR UN DES RESPONSABLES DU RESTAU :

ONE	TWO
TRI	VIVA
L'AL	GÉRIE

5. RÉGALE-TOI

SI TU AS UNE VERSION NUMÉRIQUE DU LIVRE.
TU DEVRAS MONTRER TA LISEUSE ET LAISSER TON NOM AU RESTAU.

PERSONNAGES

VICTOR
COAUTEUR

NORA
COAUTRICE

CÉCILE
ÉDITRICE

ET AUSSI :

KARIM DE @HAPPYCOOK.FR
POUR SES 2 CHAPITRES
JESS ET MILAN DE @FOODGASM_TRAVEL
POUR LEUR CONTRIBUTION
ALI ET KARIM DE NOTRE TEAM
POUR TOUTE LEUR AIDE INCROYABLE

SOMMAIRE

BIENVENUE DANS LE GUIDE ULTIME DE PARIS !

POURQUOI ULTIME ?
PARCE QU'ON A D'ÉNORMES CHEVILLES.

PARCE QU'ON EST UNE TEAM PASSIONNÉE PAR LA CAPITALE ET QU'ON A ENVIE DE VOUS FAIRE DÉCOUVRIR PARIS TEL QU'ON L'AIME AU QUOTIDIEN.

AU-DELÀ DES LIEUX,
ON A ENVIE DE VOUS PARTAGER L'HISTOIRE DES GENS QUI LES FONT VIVRE.

ET DU COUP, POUR COMMENCER :
ON VA VOUS PARTAGER LA NÔTRE.

VICTOR
ET NORA

DRIIING
HA ALLÔ HACHETTE ! ÇA VA ET VOUS ?
VOUS EN ÊTES OÙ SUR LE GUIDE ULTIME ?
ÉCOUTEZ, ÇA AVANCE HYYYYYPER BIEN
hachette
BIEN SÛR QUE CE SERA PRÊT LUNDI !
ÉVIDEMMENT... À LUNDI :)
CLIC
FIN
TÛÛÛÛT
JPP.

UN AN PLUS TÔT...
AVEC NORA, ON S'EST RENCONTRÉS
AVEC UN OBJECTIF :
ÉCRIRE UN GUIDE PARIS SUR LA STREET FOOD.
ET ON L'A FAIT :
PLUS DE 600 PERSONNES
ONT COMMANDÉ UN LIVRE
(QUI N'EXISTAIT PAS)
POUR POUVOIR PAYER
LES FRAIS D'IMPRESSION
ON L'A ÉCRIT, DESIGNÉ,
IMPRIMÉ, ENVOYÉ
EN UN TEMPS RECORD (2 MOIS).
VENDRE
600 EXEMPLAIRES
EN IMPRIMER
2 000...
PUIS ÉCRIRE
UN LIVRE
AFFRANCHIR
LES COLIS
VALIDER
LA MAQUETTE
ÊTRE
DÉBORDÉS
ALLER À
LA POSTE
RECOMMENCER
2 000 FOIS

BEN NON
IL RESTE DU STOCK

EN EFFET QUAND TU IMPRIMES UN LIVRE,
ON T'EN DONNE TOUJOURS UN PEU PLUS « AU CAS OÙ ».

POUR PARTAGER EN VIDÉO
LE QUOTIDIEN DE NOS ADRESSES PRÉFÉRÉES :)

ÇA A PRIS TRÈS VITE :
EN 6 MOIS ON A PRIS 100K ABONNÉS FANS DE PARIS.
100K
ENCORE AUJOURD'HUI VOUS ÊTES PLUS DE
REMPLIR AVEC LE BON CHIFFRE AU MOMENT OÙ VOUS LIREZ CES LIGNES.
À NOUS SUIVRE.
ÇA A ÉTÉ UN SUCCÈS. LE 1ER LIVRE ÉTAIT EN RUPTURE !
SOLD OUT!
PLUS JAMAIS JAMAIS JAMAIS NOUS NE FERONS DE LIVRE.
hachette
VICTOR ? VOUS AVEZ MAL RACCROCHÉ...
LAISSEZ UN MESSAGE APRÈS LE BIIIIIP

SUITE P.39

LE GUIDE ULTIME de PARIS
LE GUIDE ULTIME de PARIS
MOUNTAIN SUPPLY CO.

DISCLAIMER

VICTOR ET MOI AVONS
QUELQUE CHOSE À DIRE.
(SORRY VIC, TU CONNAIS MON AMOUR
POUR LES RESTAURATEURS, J'ÉTAIS OBLIGÉE DÉSO.)

TOUTE NOTRE SÉLECTION EST SUBJECTIVE
ET BASÉE SUR DES CRITÈRES PARTIAUX,
PERSONNELS, ~~VOIRE ARCHI PAS JUSTIFIÉS~~.

SI VOUS N'ÊTES PAS
DANS CE GUIDE, C'EST :

- SOIT PARCE QUE NOUS N'AVONS PAS
ENCORE EU LA CHANCE DE GOÛTER VOTRE CUISINE ;

- SOIT PARCE QUE
NOUS VOUS AVONS OUBLIÉ (LOL) ;

- SOIT PARCE QUE VOTRE RESTAU
EST DANS LE 16^{E} ;

- SOIT PARCE QUE VRAIMENT C'ÉTAIT PAS BON

EN AUCUN CAS NOUS NE PRÉTENDONS AVOIR ÉLU LES
100 MEILLEURS RESTAUS DE STREET FOOD PARISIENS.
MAIS PLUTÔT : NOS 100 ADRESSES PRÉFÉRÉES.

BONNE LECTURE, SUBJECTIVE.

LE GUIDE ULTIME de PARIS

TOME 1

un et demi en réalité

PRÉSENTÉ PAR :

AH BAH SUPER, ON DÉMARRE PAR UN FAUX CHAPITRE LÀ.
hachette

CHAPITRE 1

OÙ MANGER POUR 1 € ?

CAR OUI, C'EST POSSIBLE

1
2
3
4
5
6
7
8
9
10

1. BEST TOFU

UN LAIT DE SOJA MAISON À 1 €

FAIT MAISON ET FRANCHEMENT EXCELLENT, PARFAIT POUR LE PETIT DÉJEUNER QU'ON TE CONSEILLE D'ACCOMPAGNER D'UN BEIGNET GÉANT À 1 € ÉGALEMENT.

2. WENZHOU

DES BAO VAPEUR GÉANTS À 1 €

WENZHOU PRÉPARE CHAQUE JOUR DES MONTAGNES DE BAO, DES BRIOCHES VAPEUR GARNIES À LA VIANDE OU AUX LÉGUMES, AU PRIX INCHANGÉ DE 1 €.

3. SINOWICH ET 4. BELLEVILLE

DES BROCHETTES CHINOISES À 1 €
ET DES MSEMEN MAISON À 1 €

LE MARCHÉ DE BELLEVILLE, C'EST UN PEU LA PÉPITE DE PARIS : TU PEUX VRAIMENT MANGER POUR 1 €. NOS 2 ADRESSES PRÉFS : SINOWICH POUR LES BROCHETTES ET LES STANDS POUR LES MSEMEN.

5. CHARLIE'S MARKET

DES BURRATAS À 1 € ET PAS QUE !

UNE BOUTIQUE QUI VEND DES PRODUITS À DLC COURTE À PRIX CASSÉS. TRÈS RÉGULIÈREMENT, ILS ONT DES ARRIVAGES DE FROMAGES DOP D'UNE EXCELLENTE QUALITÉ, NOTAMMENT DES BURRATAS CRÉMEUSES À 1 € !

6. SAIN BOULANGERIE

DES VIENNOISERIES À 1 €

SAIN BOULANGERIE, C'EST UNE DINGUERIE. ET QUALITÉ N'EST ICI PAS SYNONYME DE PRIX ÉLEVÉ : TU Y TROUVES D'EXCELLENTES BRIOCHES OU DES ROCHERS COCO AU PRIX DE 1 € TOUT PILE.

7. RUE CAIL

UN THÉ INDIEN À 1 €

LA RUE CAIL, C'EST LE QUARTIER POUR MANGER PAS CHER DE BONS PRODUITS ET PLATS INDIENS. IL FAUT VRAIMENT SE POSER SUR L'UNE DES NOMBREUSES TERRASSES POUR TESTER UN THÉ CHAÏ AUX ÉPICES, TELLEMENT SAVOUREUX.

8. MANGEZ ET CASSEZ-VOUS !

DES FRITES MAISON À 1 €

A-T-ON VRAIMENT ENCORE BESOIN D'EN PARLER ? MANGEZ ET CASSEZ- VOUS !, AU LÉGENDAIRE BURGER À 2,70 €, PROPOSE ÉGALEMENT EN SIDE D'EXCELLENTES FRITES COUPÉES TOUS LES MATINS AU COUTEAU.

9. IKEA LOL

UN HOT DOG VÉGÉ À 0,50 €

IMPROBABLE MAIS VRAI, EN PLEIN MILIEU DU IKEA, TU PEUX VENIR MANGER UN HOT DOG AVEC UN PAIN BRIOCHÉ ET UNE SAUCISSE VÉGÉTARIENNE.
BON, ÇA RESTE DE LA JUNK FOOD, MAIS L'EXPÉRIENCE EST MARRANTE !

10. MAN'OUCHÉ

DES FALAFELS MAISON À 1 €

CALME-TOI, ON PARLE BIEN DES BOULETTES, PAS DU SANDWICH FALAFEL ENTIER. ENFIN BON, ILS SONT QUAND MÊME TRÈS GROS, C'EST PARFAIT EN APÉRO.

RETROUVE CES ADRESSES SUR NOTRE SITE EN SCANNANT CE PASS SANITAIRE. PARDON, QR CODE.

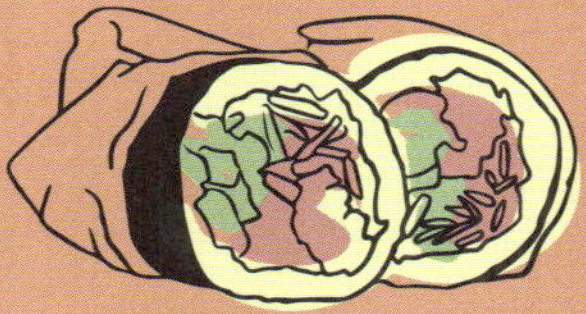

CHAPITRE 2

SAND WICH à emporter

VERSION 'DWICH GOURMET

GEMÜSE KEBAP

#CROQUANT #HALAL #ENSOLEILLÉ

TOP 1 DU SANDWICH DONER À LA BERLINOISE, SERVI AVEC LE SOURIRE PAR NOÉ. CHAQUE MOIS, UNE NOUVELLE RECETTE INSPIRÉE D'UN VOYAGE. ET AU FAIT, GEMÜSE, ÇA VEUT DIRE « LÉGUMES » EN ALLEMAND. ARTOUNG.

À TESTER : LE VÉGÉTARIEN POUR FAIRE SEMBLANT D'ÊTRE HEALTHY.

61, RUE RAMEY,
PARIS 18

BASIS KEBAB

#GOURMET #HALAL #DÉLICIEUX

LE KEBAB LE PLUS COOL DE PARIS ! À DEUX PAS DU BELVÉDÈRE DE BELLEVILLE ET DE SA VUE IMPRENABLE SUR LA CAPITALE, DE TRÈS LOIN LE MEILLEUR KEBAB DU COIN AVEC UNE BROCHE MAISON MONTÉE TOUS LES MATINS.

À TESTER : LE SANDWICH DU MOMENT. TOUJOURS DE NOUVELLES RECETTES HYPER CRÉATIVES ET BIEN MAÎTRISÉES.

79, RUE DE
BELLEVILLE,
PARIS 19

ENCORE PLUS DE KEBABS TROP BIEN :
Lüks Kebab, Istanbul et tous les kebabs où y a du monde.

L'AS DU FALLAFEL

#INSTITUTION #VÉGÉ #LEVANTINE

DOIT-ON VRAIMENT PRÉSENTER CE MONUMENT ? UN SANDWICH FALAFEL GÉNÉREUX, PAS CHER ET HYPER GOURMAND. BEAUCOUP DE TOURISTES S'Y PRESSENT CHAQUE JOUR ET, MALGRÉ LA HYPE, LA QUALITÉ RESTE TOUJOURS AU RENDEZ-VOUS.

À TESTER : LE FALAFEL CLASSIQUE AVEC UN SUPPLÉMENT AUBERGINES RÔTIES.

34, RUE DES ROSIERS, PARIS 4

ÖZLEM DONER

#GOURMET #HALAL #DÉLICIEUX

LE KEBAB RÉALISÉ DANS LA PLUS GRANDE DES TRADITIONS. UNE AFFAIRE DE FAMILLE REPRISE RÉCEMMENT PAR LE FISTON QUI NE LÉSINE PAS SUR LES EFFORTS POUR GARANTIR LA QUALITÉ. LE PAIN EST FAIT SUR PLACE ET LA VIANDE EST TELLEMENT GOÛTUE QUE LE SANDWICH SE DÉGUSTE SANS SAUCE !

À TESTER : LE SANDWICH « DURUM ADANA », VIANDE D'AGNEAU ET DINDE HACHÉE.

57, RUE DES PETITES-ÉCURIES, PARIS 10

ÖZLEM
ÖZLEM
RESTAURANT
MAISON DE TRADITION
ÖZLEM
RESTAURANT

FALAFEL CAFÉ

#FAMILIAL #TERRASSE #LIBANAIS

CETTE INSTITUTION PARISIENNE, C'EST L'HISTOIRE D'UNE FAMILLE LIBANAISE QU'ON ADORE. AUJOURD'HUI, CE SONT LES ENFANTS QUI ONT REPRIS L'AFFAIRE POUR PROPOSER UNE BELLE TABLE À MEZZE ET COCKTAILS FRAIS SANS CHICHIS ET BEAUCOUP D'AMBIANCE.

À TESTER : LE PLAT VARIÉ LE MIDI, DES DIZAINES DE MEZZE LE SOIR :)

1, RUE BERNARD-DE-CLAIRVAUX, PARIS 3

MAN'OUCHÉ

#GALETTE #LIBANAIS #INSTITUTION

MAN'OUCHÉ, C'EST UNE AUTRE INSTITUTION CRÉÉE PAR LA MÊME FAMILLE ! ICI, ON MET À L'HONNEUR LA GALETTE MAN'OUCHÉ DEPUIS PLUS DE 20 ANS. CUITE SUR LE SAJ, LE FOUR LIBANAIS SPHÉRIQUE, LA GALETTE SE MANGE IN DA STREET POUR MOINS DE 10 BALLES.

À TESTER : LA LABNÉ MÉGA FRAÎCHE OU LA ZAATAR CLASSIQUE !

62, RUE RAMBUTEAU, PARIS 3

WWW.MAN-OUCHE.FR
MAN'OUCHÉ
PARIS
GALETTE TRADITIONNELLE LIBANAISE
Galette

MOU FLET

#SUR-LE-CANAL #GOURMET #DÉLICIEUX

APRÈS AVOIR TRAVAILLÉ DANS LES PLUS GRANDES CUISINES ÉTOILÉES À TRAVERS LE MONDE, ZACH A DÉCIDÉ DE PRENDRE UN TOURNANT DANS SA CARRIÈRE AVEC LA CRÉATION DU MOUFLET, UN SANDWICH AU PAIN BRIOCHÉ MAISON ET GARNI INTELLIGEMMENT.

À TESTER : HONNÊTEMENT, TOUTES LES RECETTES SONT INCROYABLES. LE SANDWICH VÉGÉ AVEC SON PATTY D'HARICOTS ROUGES VAUT LE DÉTOUR.

200, QUAI DE VALMY, PARIS 10

MIZNON PARIS

#FOOD-ISRAÉLIENNE #PITA #STREETFOOD

CHEZ MIZNON, ÇA CRIE, ÇA CHANTE, ÇA SE BOUSCULE, ET SURTOUT ÇA TE SERT LE TOP DE LA STREET FOOD ISRAÉLIENNE DANS UNE AMBIANCE CHALEUREUSE.

À TESTER : LE CHOU-FLEUR ENTIER RÔTI, POUR TE RÉCONCILIER AVEC CE LÉGUME.

22, RUE DES ÉCOUFFES, PARIS 4

ENCORE PLUS DE SANDWICHS :
Le banh mi de Hai Lúa et le banh mi de Saigon Sandwich.

ORIGINAL

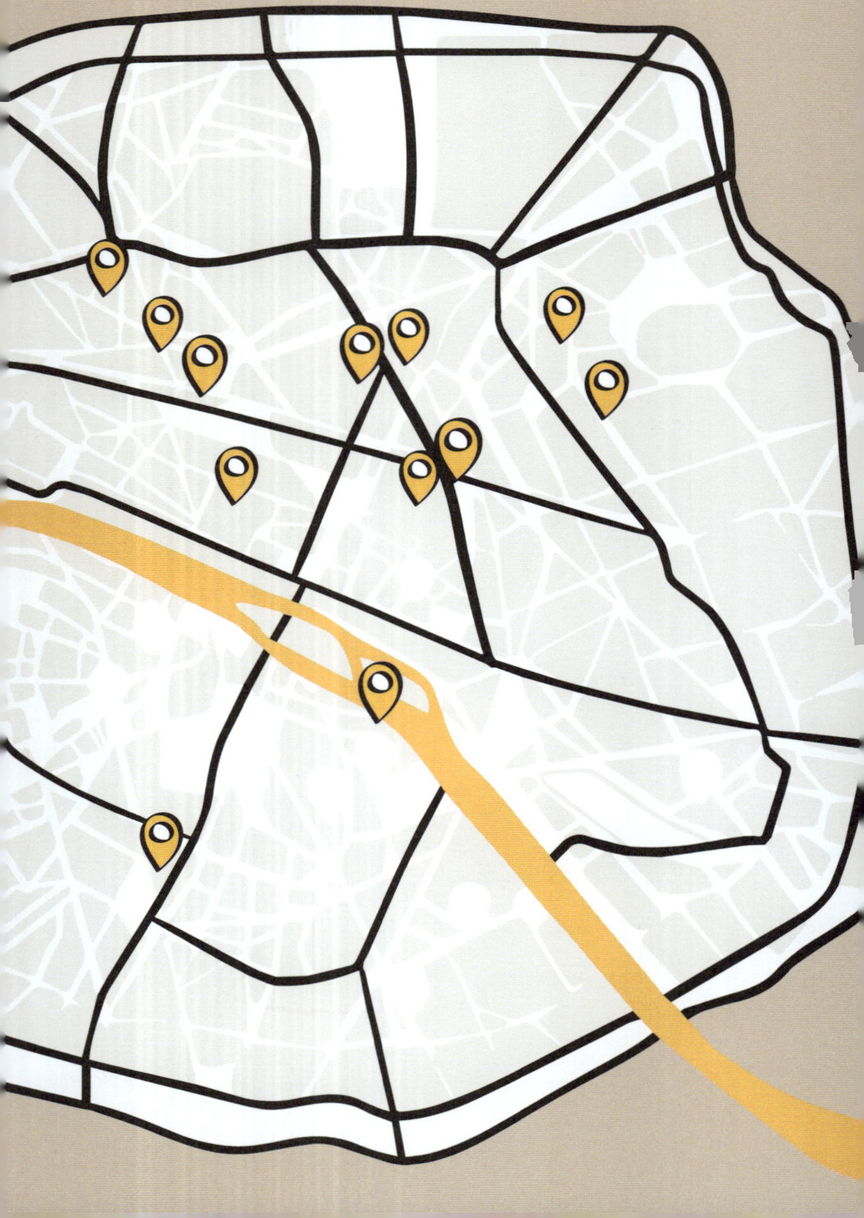

CHAPITRE 3

10 boulang'

À TESTER D'URGENCE AVANT L'INTOLÉRANCE AU gluten ♡

NOUS ON DIT CHOCOLATINE

SHINYA
PAIN

#RAGEQUIT #PAIN #SOLDOUT TRÈS VITE

CACHÉ DANS UNE ALLÉE DE MONTMARTRE, SHINYA EST UN JAPONAIS, EX-BANQUIER À TOKYO, QUI A TOUT PLAQUÉ POUR APPRENDRE L'ART DU PAIN À LA FRANÇAISE. DES BLÉS ANCIENS ET UN SAVOIR-FAIRE INCROYABLE QUI MET À L'AMENDE PLEIN DE PARISIENS, EHEH.

À TESTER : LA FOCACCIA AUX OIGNONS CARAMÉLISÉS !

41, RUE DES TROIS-FRÈRES,
PARIS 18

SAIN
BOULANGERIE

#PASSION #1BALLE #VIENNOISERIES

ANTHONY, C'EST UN ANCIEN CHEF QUI S'EST PASSIONNÉ POUR LE PAIN. SON LABO DONNE SUR LA RUE, ET TU PEUX LE VOIR AVEC SON ÉQUIPE CHARBONNER AUX AURORES POUR NOUS PRÉPARER DES VIENNOISERIES ABSOLUMENT DIVINES.

À TESTER : SON CROISSANT! LE MEILLEUR DE PARIS SELON NOUS.

13, RUE MARIE-ET-LOUISE,
PARIS 10

SAIN BOULANGERIE
BLÉS PAYSANS
BIO
IN NATUREL

UTOPIE BOULANGERIE

#BOBO #LE11E #TODO-DANS-LA-VIE

C'EST LA BOULANGERIE DE QUARTIER PAR EXCELLENCE. ERWAN ET SÉBASTIEN SONT UN PEU LES STARS DU COIN, AVEC LEUR AFFAIRE OÙ TOUT LE MONDE PASSE. CE N'EST PAS UN HASARD S'IL Y A TOUT LE TEMPS DE LA QUEUE DEVANT LA BOUTIQUE !

À TESTER : LE PAIN AUX RAISINS FAÇON SÉSAME NOIR AU CHARBON VÉGÉTAL.

20, RUE JEAN-PIERRE-TIMBAUD,
PARIS 11

FRENCH BASTARDS

#GÉNÉROSITÉ #INVENTION #CRUFFIN

LA BOULANGERIE ROCK'N'ROLL, QUI DOIT SON NOM AU SURNOM DES CRÉATEURS LORS D'UN ROAD-TRIP EN AUSTRALIE. TRÈS BON POINT : ILS SONT EXTRÊMEMENT GÉNÉREUX EN QUANTITÉ.

À TESTER : LE CRUFFIN CHOCOLAT, MÉLANGE DE CROISSANT ET DE MUFFIN, FOURRÉ AVEC UNE GANACHE AU CHOCOLAT NOIR. FOODPORN COMME JAMAIS.

61, RUE OBERKAMPF,
PARIS 11
181, RUE SAINT-DENIS,
PARIS 2

THE FRENCH
FRENCH Bastards
FRENCH Bastards

DU PAIN
ET DES IDÉES

#EMILYINPARIS
#20ANSPLUSTARD

UNE ADRESSE DÉJÀ TRÈS CONNUE DES TOURISTES, MAIS QUI HONNÊTEMENT VAUT SA HYPE. AUTODIDACTE PASSIONNÉ, CHRISTOPHE A TOUT QUITTÉ POUR REPRENDRE CETTE BOULANGERIE EN 2002, ET L'AMENER AU SUCCÈS QU'ELLE CONNAÎT AUJOURD'HUI.

À TESTER : L'ESCARGOT, UNE SORTE DE PAIN AUX RAISINS SANS RAISINS. MON PRÉFÉRÉ : CELUI À LA PISTACHE.

34, RUE YVES-TOUDIC,
PARIS 10

SOLQUES
BOULANGERIE

#BOULANG'DEQUARTIER
#DIMANCHEMATIN

PEU CONNUE ET FRANCHEMENT SOUS-COTÉE. DÉCO ASSEZ ÉTONNANTE MAIS À VOIR ! VIENNOISERIES BIO D'UNE TRÈS GRANDE QUALITÉ FABRIQUÉES TOUS LES JOURS PAR BRUNO SOLQUES, QUI S'OCCUPE LUI-MÊME DU SERVICE. UN PERSONNAGE !

À TESTER : LE PAIN AU CHOCOLAT DÈS QU'IL SORT DU FOUR, CROUSTILLANT COMME JAMAIS.

243, RUE SAINT-JACQUES,
PARIS 5

UNION
BOULANGERIE

2, RUE BLEUE,
PARIS 9

#BOULANGERIE
#PÂTISSERIE #TEAM

CRÉÉE PAR LE DUO MAÉVA ET CHARLES, OU L'UNION DE LA BOULANGERIE ET DE LA PÂTISSERIE. EXCELLENTE DANS LES 2 DOMAINES, CETTE BOUTIQUE EN ANGLE ARCHI-CANON CASSE LES CODES TRADIS DE LA BOULANGERIE CLASSIQUE.

À TESTER : LE « MONSTER COOKIE », AU CHOCOLAT NOIR AVEC UNE POINTE DE FLEUR DE SEL, SAH QUEL RÉGAL !

LE PETIT GRAIN

#BELLEVILLE #CHOCOLATINE

ENCORE UNE BOULANGERIE CACHÉE DANS LE QUARTIER DE BELLEVILLE, DANS UNE ALLÉE PLEINE DE JOLIS GRAFFITIS. UNE BOULANGERIE DISCRÈTE AVEC UN STAFF COMPOSÉ D'ANGLOPHONES. TU Y FERAS TOUJOURS DE BELLES DÉCOUVERTES !

À TESTER : LA CARTE CHANGE TOUT LE TEMPS, J'AI (VICTOR) PERSONNELLEMENT UN PETIT FAIBLE POUR LE FLAN SARRASIN.

7, RUE DÉNOYEZ, PARIS 20

1, RUE DES DEUX-PONTS, PARIS 4

BABKA ZANA

#LEVANTINE #TODO-DANS-LA-VIE

EN QUELQUES ANNÉES, BABKA ZANA EST DEVENU LA RÉFÉRENCE DE LA BOULANGERIE LEVANTINE. DES PAINS TRADITIONNELS DE LA MÉDITERRANÉE COMME LA HALLAH, CETTE BRIOCHE TRESSÉE HYPER MOELLEUSE, ET SURTOUT…

À TESTER : LES BABKA, LES MEILLEURES DE PARIS. MENTION SPÉCIALE POUR LA CHOCOLAT-NOISETTE.

65, RUE CONDORCET, PARIS 9

LE GUIDE ULTIME de PARIS

DANS LA VIE, TOUT N'EST QUE CHOIX.

PAR EXEMPLE,
SI TU DEVAIS TE BALADER DANS LE LIVRE ET QU'À UN MOMENT TU TE PERDAIS...

LIGNE 1 PAGE 58

DEUXIÈME COLONNE LIGNE 1 PAGE 84

PAGE 108 PREMIÈRE COLONNE : 4E LIGNE EN PARTANT DE LA FIN

LÀ OÙ EST LA QUALITÉ, PAGE 22

PAGE 2, MOT AVANT 169

NOMBRE DE CHAPITRES EN CHIFFRES

BON APPÉTIT.

ELEMENTS PAIN BIO

#BIO #BRUT
#ARTISANAT

UN TRAVAIL INTRANSIGEANT PAR CLAIRE, UNE ARCHITECTE D'INTÉRIEUR RECONVERTIE. UN CHOIX DE PRODUITS SIMPLES, SANS ADDITIFS, NON RAFFINÉS ET NON TRAITÉS POUR UN GOÛT BRUT QUI FAIT VRAIMENT DU BIEN.

À TESTER : SON PAIN FARINE DE RIZ-SARRASIN, FONDANT EN BOUCHE.

3, RUE VICTOR-LETALLE,
PARIS 20

TIKTOK A CHANGÉ LEUR VIE.

IL FAIT PAS UN PEU SENSAS' TON TITRE LÀ ?
BAH ATTENDS, J'EXPLIQUE WESH.
MARS 2020 REMEMBER
J'AI COMMENCÉ TIKTOK À L'ÉPOQUE OÙ, TU SAIS, IL N'Y AVAIT PAS GRAND-CHOSE À FAIRE D'AUTRE.
MA RÉPUTATION ÉTAIT... INEXISTANTE.
MAIS J'AI TOUJOURS CRU AU POTENTIEL VIRAL DE TIKTOK. J'AI DONC FAIT 1 VIDÉO PAR JOUR PENDANT 100 JOURS. JUSQU'À CETTE VIDÉO, CELLE QUI A CHANGÉ MA VIE, ET CELLE D'ANIS.
LE BURGER À 2,70 € CHEZ MANGEZ ET CASSEZ-VOUS !
2€70
6 MILLIONS DE VUES...

ET CETTE VIRALITÉ S'EST REPRODUITE PLEIN DE FOIS.
CEST À CE MOMENT-LÀ QUE J'AI COMPRIS QUE L'HUMAIN AIME L'HUMAIN

CHR CASH
KANU
little BAOBEI
Chir's Koy

ET PUIS, L'ÉTÉ 2021, J'AI REÇU UN MESSAGE...
HELLO VIC, CEST NICOLAS !
UNE AMIE A OUVERT UN SHOP DE GLACES
JE CROIS QUE TU PEUX L'AIDER :)
30K
ALICE VENAIT DE LANCER SA PETITE BOUTIQUE ÉPHÉMÈRE DE GLACES POUR L'ÉTÉ. JE L'AI RENCONTRÉE SUR LES CONSEILS DE NICOLAS, ET LÀ, GROS COUP DE CŒUR ! À CE MOMENT-LÀ, ELLE N'AVAIT PAS ENCORE BEAUCOUP DE MONDE, MAIS SES GLACES ÉTAIENT TELLEMENT DÉLICIEUSES QUE JE DEVAIS EN PARLER.
HEY ALICE ! T'AS DU MONDE ?
C'EST LE FEU VICTOR ! BLINDÉE !
MERCI.
SON SUCCÈS, ELLE NE LE DOIT PAS À MA VIDÉO NI À CELLES DES AUTRES CRÉATEURS, ELLE LE DOIT À SON TRAVAIL.
NOTRE RÔLE A JUSTE ÉTÉ DE LUI APPORTER UN COUP DE PROJECTEUR, LE RESTE S'EST FAIT TOUT SEUL. COMME QUOI : LES RÉSEAUX, ÇA PEUT AUSSI FAIRE DU BIEN :)

SUITE P.76

CHAPITRE INTERMÉDIAIRE

TOP DE LA HYPE GRÂCE À TIKTOK

ET ÇA FAIT VROOM VROOM

TOP DE LA HYPE GRÂCE À TIKTOK

TOP 1 : LA QUÉQUETTE-RIE

#ZIZIKEKETTE #GAUFRE #BUZZ

EST-CE JUSTIFIÉ DE FAIRE 2H DE QUEUE POUR MANGER UNE GAUFRE SOUS FORME DE PÉNIS ? APRÈS AVOIR OUVERT UN RESTAU DE SUSHI BURRITO, TAZIANA, TOUJOURS HYPER CRÉATIVE, A EU CETTE IDÉE EN TROUVANT UN MOULE À GAUFRE AU JAPON.

À TESTER : LA « QUÉQUETTE RAINBOW » POUR METTRE DES COULEURS DANS TA VIE.

28, RUE D'ABOUKIR,
PARIS 2

TOP 2 : PÈRE & FISH

#STORYTIME #GEN–Z #BUZZ

MONTÉ PAR 4 AMIS ÉTUDIANTS, C'EST AUJOURD'HUI UN DES FASTGOOD LES PLUS FRÉQUENTÉS DE PARIS. ALEX, UN DES ASSOCIÉS, GÈRE LA COM, ET AVA, LA FAMOUS DAME DE KOH-LANTA, L'OPÉRATIONNEL. CHARLES ET ANTHONY, EUX, GÈRENT LES RH ET LA FOOD. BREF : UNE HISTOIRE MAGIQUE, REMPLIE DE TRAVAIL ET DE CHARBON.

À TESTER : LE CHEDDAR.

67, RUE DU
FAUBOURG-
POISSONNIÈRE,
PARIS 9

PÈRE & FISH
PÈRE & FISH

TOP 3 :

MANGEZ ET CASSEZ-VOUS !

#BURGER #2€70 #STORYTIME #BUZZ

BON, POUR LE COUP, ON N'Y EST PAS POUR RIEN ! QUAND UNE AMIE NOUS A PARLÉ D'ANIS ET DE SON BURGER À 2,70€, ON N'Y CROYAIT PAS DU TOUT. ET FINALEMENT, AU-DELÀ D'UN BON PLAN, CE FUT UNE RENCONTRE INCROYABLE. ANIS A DEPUIS OUVERT UN 2E RESTAU ET UNE FRIPERIE, BRAVO ANIS !

À TESTER : TOUTE LA CARTE, SANS CRAQUER TON PEL.

39, RUE TAITBOUT,
PARIS 9
64, RUE ALEXANDRE-DUMAS,
PARIS 11

TOP 4 :

GOMU BY TURFOOD

#LANCEMENT #BAOBURGER #PLBA

ALI, C'EST L'ANCIEN FONDATEUR DE PLBA : LE MÉDIA FOOD QUI PARLE ENFIN DE LA CUISINE HALAL. EN 2021, IL S'EST LANCÉ DANS TURFOOD : UNE AGENCE QUI CRÉE DES CONCEPTS DE RESTAURATION NOVATEURS ET INCLUSIFS. SON 1ER CHEF-D'ŒUVRE ? GOMU !

P.-S. : RETROUVE LE MOT SUR LA PHOTO, ET GAGNE L'ÉQUIVALENT EN MONTRANT LE LIVRE CHEZ GOMU.

54, RUE DU
FAUBOURG-DU-TEMPLE,
PARIS 11

GOMU
包子

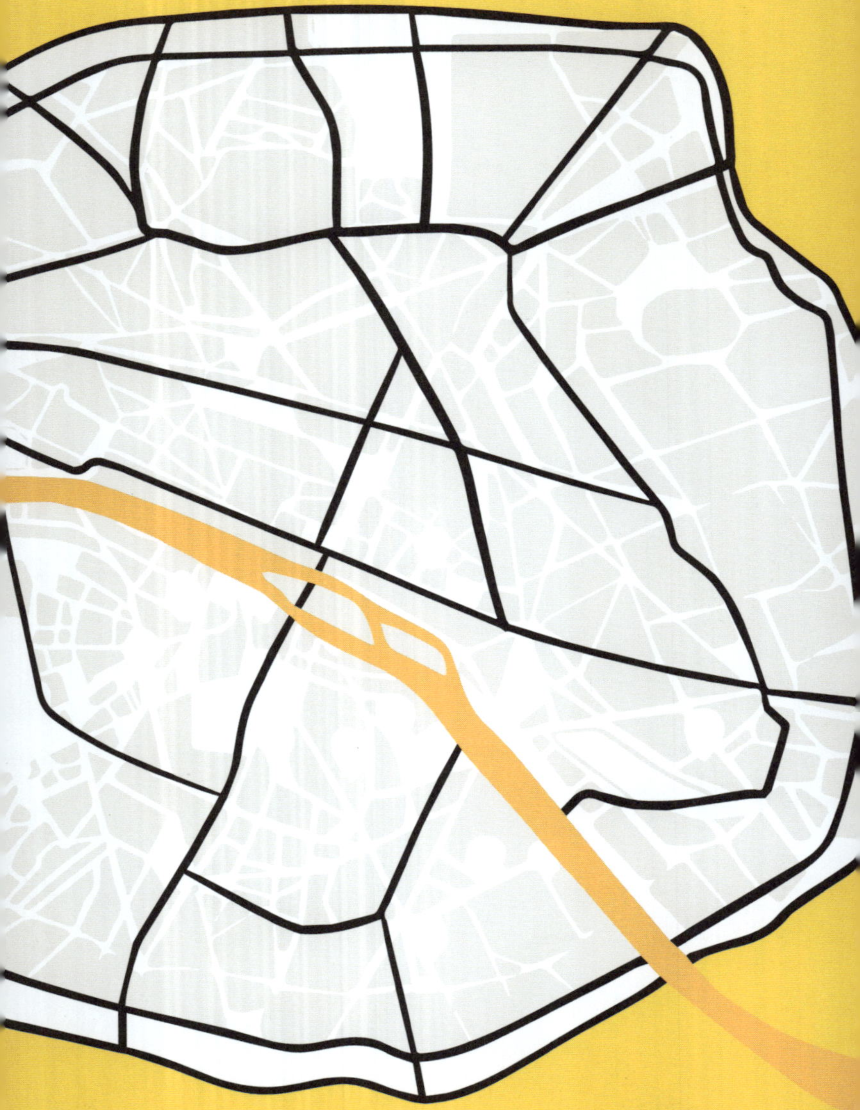

CHAPITRE 4

LES BUBBLE TEA

POUR NE PAS MOURIR IDIOT.E

ÉLU BOISSON DE L'ANNÉE

LES BUBBLE TEA

POUR NE PAS MOURIR IDIOT.E

CE CHAPITRE EST LÀ POUR RÉCONCILIER CES 2 FRANGES DE LA POPULATION, AVEC UNE SÉLECTION DES FAMILLES POUR TOUS LES GOÛTS.

ATTENDS. LE BUBBLE TEA, C'EST QUOI ?
C'EST UNE BOISSON TRA-DITIONNELLE TAÏWANAISE À BASE DE THÉ, DE LAIT ET DE PERLES DE TAPIOCA.
EN QUELQUES ANNÉES, LES ADRESSES SE SONT MULTIPLIÉES À PARIS. LE PRO-DUIT EXISTE AUJOURD'HUI SOUS PLEIN DE NOUVELLES FORMES TOUJOURS PLUS GOURMANDES.

RETROUVE NOS BUBBLE TEA PRÉFÉRÉS SUR CETTE MAP DU FUTUR INTERACTIVE.

SI TU N'AS JAMAIS TESTÉ LE BUBBLE TEA

LAÏZÉ

LAÏZÉ A ÉTÉ CRÉÉ PAR UN JEUNE TAÏWANAIS DÉBAR-QUANT À PARIS AVEC LE MAL DU PAYS.
UN PACKAGING COOL ET ÉPURÉ, UNE SÉLECTION DE THÉS EXCEPTIONNELLE QUI EN FAIT SELON MOI LE LIEU POUR DÉCOUVRIR LE BUBBLE TEA.

À TESTER : LE BUBBLE TEA AU SÉSAME GRILLÉ.

19, RUE DE MONTMORENCY, PARIS 3

laï
zé
座 食 茶
& bubble tea

LES BUBBLE TEA

POUR NE PAS MOURIR IDIOT.E

LE PLUS GOURMAND DES BUBBLE TEA

XING FU TANG

CÉLÈBRE À TAÏWAN POUR SON CHAUDRON DE TAPIOCA QUI CUIT DANS SON CARAMEL, L'ENSEIGNE VIENT DE DÉBARQUER À PARIS AVEC LA MÊME PROMESSE DE QUALITÉ. C'EST TRÈS GOURMAND.

À TESTER : LE FAMOSO « BROWN SUGAR ».
UPDATE : UNE 2E ADRESSE VIENT D'OUVRIR RUE DE TURBIGO !

34, RUE RÉAUMUR,
PARIS 3

LE PLUS CUTE ET MIM'S DES BUBBLE TEA

MACHI MACHI

DES BOUTEILLES COLORÉES ET TRÈS INSTAGRAMMABLES, UNE ADRESSE HYPER POPULAIRE EN PLEIN DANS LE QUARTIER JAPONAIS.

À TESTER : LE « JASMINE GREEN TEA PLUM JELLO ».

5, RUE CHABANAIS,
PARIS 2

machi machi

LE PLUS Z'AUTHENTIQUE DES BUBBLE TEA

ZEN ZOO

ZENZOO, C'EST UN SALON DE THÉ ET RESTAURANT TAÏWANAIS OUVERT DEPUIS PLUS DE 20 ANS À PARIS. C'EST UN PEU LA MAISON DU BUBBLE TEA, ILS EN PROPOSAIENT BIEN AVANT LA HYPE. TU PEUX Y DÉGUSTER DE BONS PETITS PLATS, EN PLEIN CŒUR DU 2^{E}, DANS UNE AMBIANCE TRADITIONNELLE EN PRIME.

À TESTER : LE BUBBLE TEA CLASSIQUE, OF COURSE !

2, RUE CHABANAIS,
PARIS 2

LE PLUS SOUS-COTÉ DES BUBBLE TEA

GALERIE MA+CH

DIFFICILE DE SE FAIRE UNE PLACE AU CENTRE DE PARIS AVEC 3 AUTRES BUBBLE TEA À 300 M ! ICI, C'EST UNE PETITE GALERIE OUVERTE PAR DES TAÏWANAIS, QUI EXPOSE DE JEUNES ARTISTES PLEINS DE TALENT, ET, BIEN QUE PEU VISIBLES, LES BUBBLE TEA SONT FRANCHEMENT EXCELLENTS, PRÉPARÉS AVEC AMOUR DANS UN PACKAGING 100 % RECYCLABLE.

À TESTER : UN BUBBLE AVEC DE LA GELÉE D'AMANDE MAISON, HYPER GOURMAND !

30, RUE CHAPON,
PARIS 3

MA+CH
TEA • BUBBLE • TOFU • DESSERT
MA
+CH

LE PLUS FRUITÉ DES BUBBLE TEA

YI FANG TEA

UNE DES RARES ADRESSES VRAIMENT TAÏWANAISES.

CHEZ YI FANG, TU AS DE TRÈS BONS THÉS TAÏWANAIS AVEC DES RECETTES HYPER FRUITÉES. PARFAIT POUR SE DÉSALTÉRER EN ÉTÉ OU EMPORTER AU JARDIN DU PALAIS ROYAL, JUSTE À CÔTÉ.

À TESTER : LE MELON D'HIVER, LA SPÉCIALITÉ AVEC UN FRUIT DU PAYS !

44, RUE DE RICHELIEU, PARIS 1

LE PLUS INTENSE DES BUBBLE TEA

YITHÉ BOULANGERIE

LA NOUVELLE BOUTIQUE QUI VIENT DE DÉBARQUER ET QUI FAIT DÉJÀ BEAUCOUP PARLER D'ELLE. UN CHOIX DE BOISSONS QUI TE FERA BAVER SUR LA CARTE AVEC DES BASES DE MILK-SHAKE OU DE FRUIT EN SMOOTHIE.

À TESTER : « LA ROSÉE DU MATIN » OU « LA BEAUTÉ DE MINUIT », JUSTE PARCE QUE LES NOMS SONT VRAIMENT TROP INTENSES.

49, BD DE SÉBASTOPOL, PARIS 1

YITHÉ
BOULANGERIE
YI
THÉ

CHAPITRE 5

Les spots SOUS-COTÉS DE LA CAPITALE

PLUS POUR LONGTEMPS :)

MONTMARTRE

NON C'EST FAUX, C'EST SURCOTÉ.

LE NEW 17E

DES AIRS DE NEW YORK, NOTAMMENT LE PARC MARTIN-LUTHER-KING : IMPRESSIONNANT.

L'ÎLE AUX CYGNES

L'ÎLE TOUT EN LONGUEUR OÙ PERSONNE NE PENSE À ALLER : TRÈS CHOUETTE POUR T'ENTRAÎNER À DÉFILER.

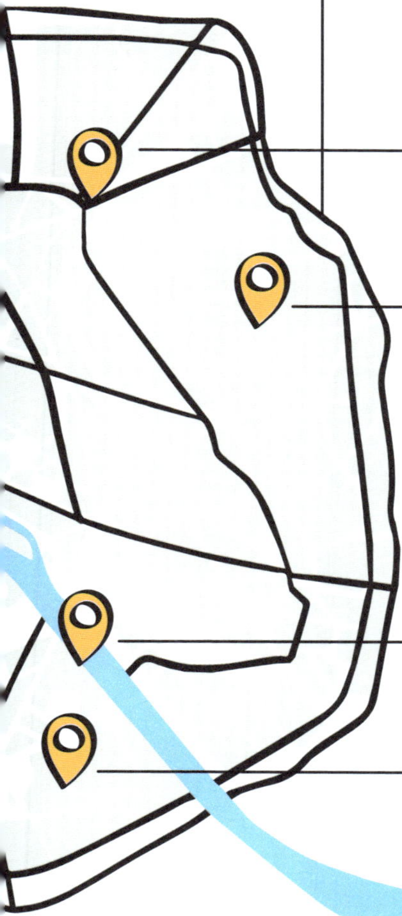

LA PETITE CEINTURE

QUI FAIT QUASIMENT LE TOUR DE PARIS, ANCIENNE LIGNE DE CHEMIN DE FER ABANDONNÉE, LE CALME À L'ÉTAT PUR.

LA RUE CAIL

ON L'A DÉJÀ DIT
MAIS C'EST LE BEST LIEU
POUR S'IMPRÉGNER DE LA
CULTURE INDIENNE À PARIS.

BELLEVILLE

POUR LA STREET FOOD ASIATIQUE
PAS CHÈRE ET EXCELLENTE, ET
POUR LE POINT DE VUE DU BELVÉDÈRE
DE BELLEVILLE, ARCHI SOUS-COTÉ.

LA BANLIEUE

LE 93, LE 92, LE 94…
TOUTES CES VILLES QUI BORDENT PARIS
ET QUI SONT JUSTE PARFAITES.

LES QUAIS DU 13E

UN PEU PLUS UNDERGROUND QUE
LES QUAIS DU CENTRE DE PARIS,
AVEC MOULT BARS ET ARTISTES.

OLYMPIADE

UNE EXPO DE STREET ART
À CIEL OUVERT, MÊLÉE À UNE ARCHI
ULTRAMODERNE : FONCE !

HAHAHAHAHA QUELQU'UN LEUR DIT QUE LE LIVRE EST DANS TOUTES LES LIBRAI-RIES OU PAS ?
hachette

CHAPITRE 6

NOS ADRESSES (PLUS) cachées (DU TOUT)

ÇA RESTE ENTRE NOUS HEIN

1
2
3
4
5
6
7

1. LE PAVILLON DES CANAUX

QUAND TU ENTRES DANS LE PAVILLON DES CANAUX, T'AS VRAIMENT L'IMPRESSION D'ENTRER CHEZ QUELQU'UN : SALLE DE BAINS, CUISINE, CHAMBRE... TU PEUX MÊME TE POSER DANS LA BAIGNOIRE !

CONSO PAS CHÈRE ET TRÈS BONNE SÉLECTION DE GÂTEAUX POUR LE GOÛTER !

2. LA BUTTE BERGEYRE

IL FAUT TE TAPER DE SACRÉES MARCHES POUR Y ARRIVER, MAIS ÇA VAUT LE COUP : UN MICRO-QUARTIER EN HAUTEUR REMPLI DE BELLES MAISONS D'ARCHITECTE, AVEC UNE VUE IMPRENABLE SUR PARIS.

PROBABLEMENT LE MEILLEUR BANC DE LA CAPITALE !

3. LE COMPTOIR GÉNÉRAL

IL FAUT TRAVERSER UNE ALLÉE VIDE POUR ARRIVER DANS CE SPOT IMMENSE DIGNE D'UN DÉCOR DE CINÉMA.

AMBIANCE VOYAGE ET EXPLORATEUR, AVEC UN BATEAU PIRATE EN GUISE DE BAR. (QUI A EU CETTE IDÉE ?)

4. LE LAVOMATIC

DE L'EXTÉRIEUR, C'EST UNE LAVERIE ARCHI CLASSIQUE. SAUF QU'EN ACTIVANT LA PORTE D'UNE MACHINE ÇA OUVRE UN PASSAGE SECRET VERS UN PETIT ÉTAGE, AMBIANCE APPART' BOBO, OÙ ON TE PRÉPARE DE BONS PETITS COCKTAILS.

5. CACHÉ, VILLA RIBEROLLE

CE RESTAU PORTE BIEN SON NOM ! COLLÉ AU CIMETIÈRE DU PÈRE-LACHAISE, AU FOND DE LA PETITE COUR DE LA VILLA RIBEROLLE, UN LIEU HYPER INTIMISTE POUR UN RESTAU-RANT DE GRANDE QUALITÉ.

6. LE JARDIN ANNE-FRANCK

LE PETIT TRICK DE CE GRAND JARDIN, C'EST QU'IL EST NICHÉ AU FOND D'UNE IMPASSE, À DEUX PAS DU BRUYANT QUARTIER DU CENTRE POMPIDOU.

C'EST VRAIMENT LE SPOT PARFAIT POUR LE GOÛTER, ET EN PLUS T'AS LES MEILLEURS BUBBLE TEA PARISIENS DANS LE PÉRIMÈTRE !

7. LE HASARD LUDIQUE

UN PETIT BAR EN FAÇADE, MAIS UN ACCÈS DEPUIS L'INTÉRIEUR AUX RAILS D'UNE ANCIENNE LIGNE DE CHEMIN DE FER ABANDONNÉE.

DE L'ESPACE ET UN PHOTOMATON VINTAGE POUR 3 €, QUE DEMANDER DE PLUS ?

NOTRE MAP DES « SPOTS CACHÉS » EST MISE À JOUR RÉGULIÈREMENT SOUS CE QR CODE. BIZOOOOOOU.

CHAPITRE INTER MÉDI AIRE

12 LIEUX NULS !

QU'ON AIMERAIT FAIRE DISPARAÎTRE

FEAT. LA VILLE DE PARIS

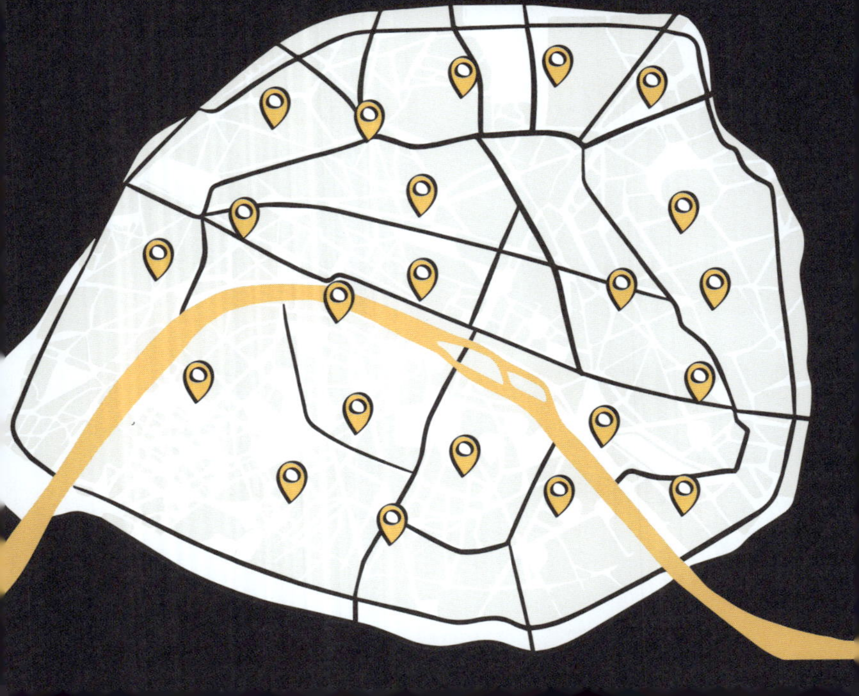

LA GARE MONTPARNASSE

AUSSI SURNOMMÉE LE LABYRINTHE DE L'ENFER ABSOLU SUR TERRE.

LA LIGNE 13 DU MÉTRO

DU LUNDI MATIN AU LUNDI MATIN SUIVANT, DÉCONSEILLÉE AUX AGORAPHOBES.

LE ROND-POINT PORTE MAILLOT

ENCORE PLUS DANGEREUX QU'UN COMBAT DE CATCH, EN FAIT.

LE PÉRIPHÉRIQUE DE PARIS

POUR L'ENSEMBLE DE SON ŒUVRE ET PLUS ENCORE.

LES CANTINES DU CROUS

POUR AVOIR TRAUMATISÉ DES GÉNÉRATIONS D'ÉTUDIANTS IMPUNÉMENT.

LES BARS DU CANAL ST-MARTIN

QUAND LE CANAL SAINT-MARTIN EST OUVERT À LA CIRCULATION. POUR SE DÉTRUIRE LES POUMONS, ON A DÉJÀ LA CLOPE, MERCI BIEN.

LES BISTROTS ATTRAPE-TOURISTE

VOUS FAITES DU MAL À NOTRE RÉPUTATION, ET PUIS ON A ARRÊTÉ DE MANGER DES BLANQUETTES DE VEAU IL Y A AU MOINS 100 ANS LES FRÈRES.

LES TOILETTES PUBLIQUES

POUR L'EXPÉRIENCE OLFACTIVE INTENSE ET INDÉSIRABLE, MÊME SI C'EST TRÈS PRATIQUE DANS LA VILLE.

LES STATIONS VÉLIB' EN MONTÉE

CLAIREMENT AUSSI VIDES QUE LE 16E ARRONDISSEMENT APRÈS 22H.

LE 16E APRÈS 22H

RIEN À AJOUTER.

LES MANIFS DU SAMEDI APREM

EN FAIT VRAIMENT C'EST SUPER CHIANT, TOUJOURS, QUELLE QUE SOIT LA CAUSE. ENFIN NON, MAIS T'AS CAPTÉ.

LES SCOOTERS SUR LES PISTES CYCLABLES

BIS REPETITA : EN FAIT VRAIMENT C'EST SUPER CHIANT. RIEN À AJOUTER.

CHAPITRE 7

ADRESSES ITALIENNES

QU'ON A ÉTÉ OBLIGÉS DE METTRE

~~À CAUSE DE LA MAFIA NAPOLITAINE~~

PARCE QU'ELLES SONT DÉLICIEUSES :)

L'ITALIE C'EST VRAIMENT BIEN

BRICK-
TOP PIZZA

#BADASS #TURFU #ENTREPRENEURLIFE

WAYNE, C'EST LE FONDATEUR DE BRICKTOP, MAIS AUSSI LE FERVANT DÉFENSEUR DU « PIZZANISME » : LE CULTE DE LA PIZZ. IL PENSE QUE LA PIZZA DOIT TOUS NOUS RÉUNIR, DANS LA JOIE, L'AMOUR, LA FAMILLE ET LA CONVIVIALITÉ. SOUVENT DÉCRIÉ PAR LES SUPPORTERS NAPOLITAINS, NOUS ON DIT BRAVO WAYNE !

À TESTER : LA NUMÉRO 5, À LA STRACCIATELLA DES POUILLES, MAMAMIA.

153, QUAI DE VALMY,
PARIS 10

DALMATA
GROUPE

#ITALIE #LAPIZZA #LIEU-JOLI

DALMATA, C'EST LE NUMERO UNO DE CE GROUPPO ITALIEN. DEPUIS, ILS ONT OUVERT GIORGIO : BRAVO, D'AILLEURS. ON Y VA PARCE QUE C'EST UNE VALEUR SÛRE, ET QUE BIG MAMMA EST BEAUCOUP TROP SOUVENT BLINDÉ.
EN PLUS, ILS ONT OSÉ LE ROSE, ET, NOUS, ON ADORE LES GENS QUI OSENT.

À TESTER : LA « MARINARA ANTICA » À 10 BALLES (AU MOMENT OÙ ON SE PARLE).

8, RUE TIQUETONNE,
PARIS 2

DALM
DALMATA
DALMATA

ADRESSES ITALIENNES
QU'ON A ÉTÉ OBLIGÉS DE METTRE
~~À CAUSE DE LA MAFIA NAPOLITAINE~~
PARCE QU'ELLES SONT DÉLICIEUSES

99
SAUVAGE

#PAS–ITALIEN #BAR #TOUT–MAISON

99 SAUVAGE, C'EST UN DES DERNIERS LIEUX DU GROUPE « TOUS UN PEU SAUVAGE ». ALORS OUI : ILS NE SONT PAS ITALIENS, MAIS LEURS RECETTES, ELLES, SONT UN MERVEILLEUX HOMMAGE À L'ITALIE QU'ON IMAGINE. ET EN PLUS, MAHDY, AUX PLATINES DU BAR, TE SORT DES COCKTAILS À TOMBER.

À TESTER : ABSOLUMENT TOUT, C'EST TELLEMENT ABORDABLE !

99, RUE DU FAUBOURG-SAINT-DENIS,
PARIS 10

MAGNÀ
JULIEN SERRI

#CHAMPION #PIZZA #PORTAFOGLIO

ON NE LE PRÉSENTE PLUS. JULIEN SERRI, C'EST PEUT-ÊTRE LE CHEF PIZZAIOLO LE PLUS SUIVI DE FRANCE. POUR GOÛTER SES DÉLICIEUSES PIZZAS, RIEN DE PLUS SIMPLE : GO CHEZ MAGNÀ ! ALORS OUI, IL LES PLIE SOUVENT EN QUATRE, MAIS ON NE LUI EN VEUT PAS PUISQU'ELLES SONT À TOMBER PAR TERRE, ROUYA.

À TESTER : L'« ANTICA MORTADELLA » À LA CRÈME DE PISTACHE T'AS PEUR.

48, RUE NOTRE-DAME DE-LORETTE,
PARIS 9

MAGNÀ

Atelier Fratelli
FOCACCIAS - PÂTES FRAÎCHES

ATELIER FRATELLI

#FOCACCIA
#INCROYABLE

LUI, C'EST LUCIEN DE SON PRÉNOM PAS ITALIEN.
ON A TENDANCE À PENSER QUE SES FOCACCIAS SONT LES MEILLEURES DE PARIS, LES PLUS SOYEUSES, FONDANTES, CROQUANTES. SON ARGUMENT ? ELLES SONT SIMPLEMENT FAITES AVEC AMOUR, TOUS LES JOURS.

À TESTER : LA « TARTUFFO ». PARFOIS, ON EN RÊVE LA NUIT.

44, RUE DE BERRI,
PARIS 8
269, RUE DES PYRÉNÉES,
PARIS 20

PASSERINI PASTIFICIO

#CHAMPIONDUMONDE
#LESPÂTES #FRAIS

JUSTINE ET SON MARI GIOVANNI SE SONT FAIT UNE PLACE DE MAÎTRE À PARIS. ICI, PAS DE PIZZA : C'EST LA PASTA QUI EST MISE À L'HONNEUR.
AVANT QU'ON SE FASSE HARCELER SUR TWITTER : OUI, PASSERINI C'EST UN PEU PLUS CHER QUE NOS AUTRES ADRESSES, MAIS FRANCHEMENT : C'EST INCROYABLE.

À TESTER : LES PÂTES FRAÎCHES ÉLUES CHAMPIONNES DU MONDE !

65, RUE TRAVERSIÈRE,
PARIS 12

AH, ET EN PARLANT DE CHAMPION DU MONDE
ON VOUS A DÉJÀ PARLÉ DE L'OPÉRA GÉANT À L'OPÉRA ?
VICTOOOOOOOR. PAS CETTE HISTOIRE !!!!

LUI, C'EST ANTOINE. IL A EU L'IDÉE FOLLE D'OFFRIR 600 PARTS DE TIRAMISU...

... EN PLEIN COVID, À DES ÉTUDIANTS DANS LE BESOIN ET AVEC NORA, ON A ORGANISÉ LA DISTRIBUTION DEPUIS LE MILORD, LE RESTAURANT D'ANTOINE. C'ÉTAIT FOU.
600 TIRAMISUS

SAUF QU'ANTOINE NE S'ARRÊTE JAMAIS.
EH OUI, IL NOUS RESTAIT PAS MAL DE CAFÉ, DONC ON S'EST DONNÉ UN NOUVEAU DÉFI :
DISTRIBUER LE PLUS GRAND GÂTEAU OPÉRA DU MONDE... À L'OPÉRA DE PARIS.
UN APPEL À GALBANI, METRO, OPTIONS ET À DES PÂTISSIERS DE TALENT PLUS TARD... ET BAM, ON ORGANISAIT LE RECORD DU MONDE D'OPÉRA GÉANT.

NOUS AVONS DONC
L'HONNEUR
DE VOUS PRÉSENTER
LA RECETTE
POUR PRÉPARER
3 000 OPÉRAS
À L'OPÉRA DE PARIS.

UN CHAPITRE SPONSORISÉ PAR :

LA VILLE DE PARIS
L'OPÉRA DE PARIS
LE CAFÉ ILLY
METRO
CACAO BARRY
PRÉSIDENT
OPTIONS
SIOUPLAIT
MILORD
ET LES FAMOUS TOQUES BLANCHES

POUR RÉALISER CETTE RECETTE,
IL VOUS FAUT :

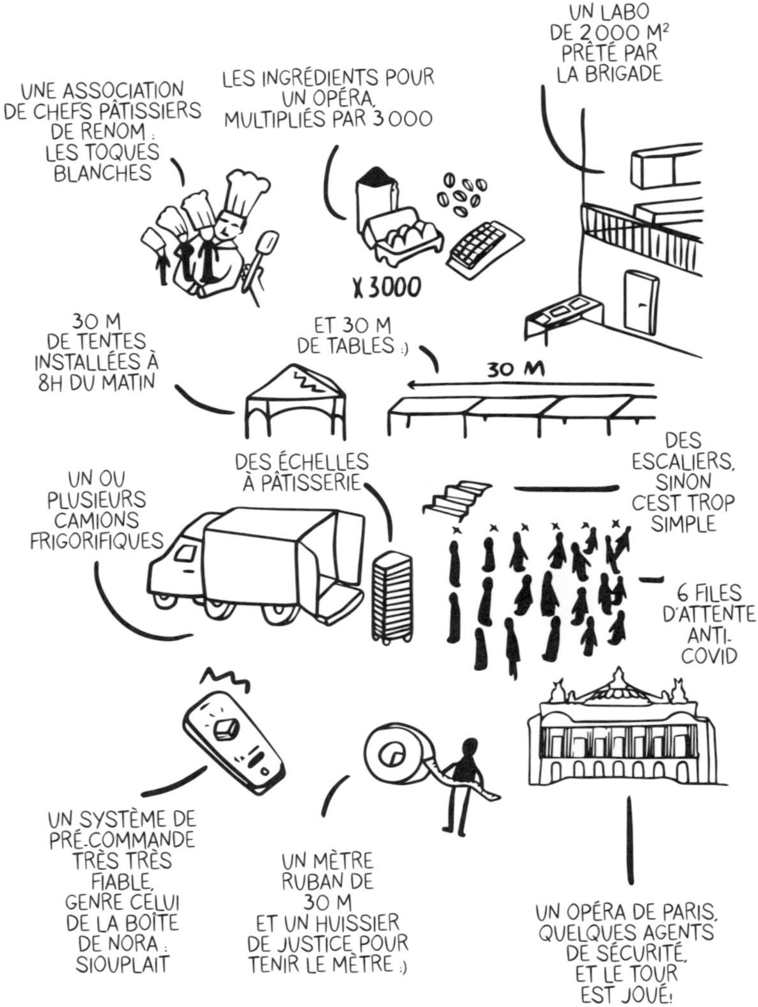

ENFIN,
POUR ENTRER DANS LE
GUINNESS DES RECORDS,
IL FAUDRA IMPÉRATIVEMENT
FAIRE UN CHOIX :

NE PAS RETOUCHER
LA PHOTO

NE PAS AVOIR
DE RECORD

PASSER UN
BON MOMENT

CONTINUER DE
VOUS RÉGALER

RETOUCHER
LA PHOTO

AVOIR LE RECORD
DU MONDE

ARRIVER
AU SOMMET

VIVRE AUX BAHAMAS,
NE PLUS VOUS RÉGALER

**POUR SAVOIR
QUEL CHOIX
NOUS AVONS FAIT,
SCANNE CE QR CODE.**

SUITE P.90

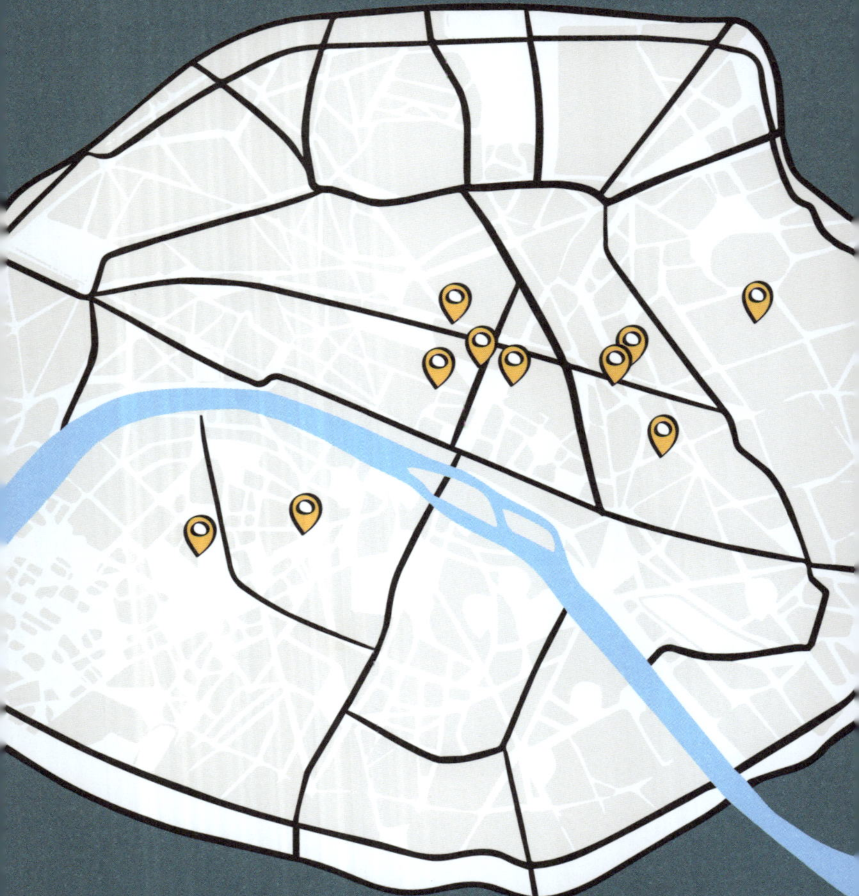

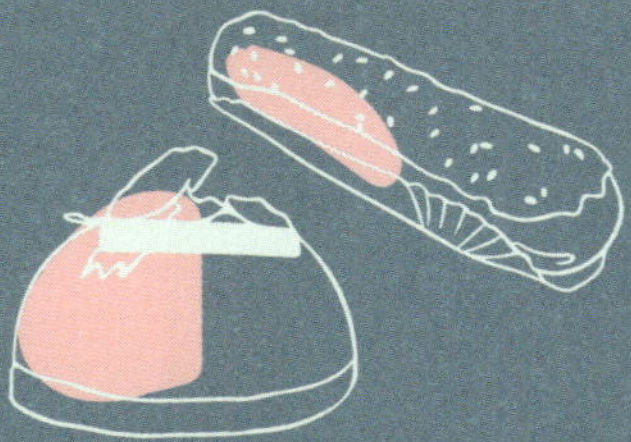

CHAPITRE 8

LES DESSERTS

DIGNES D'UN RESTAU ÉTOILÉ

LE CHAPITRE 100% SUCRE

LES DESSERTS
DIGNES D'UN RESTAU ÉTOILÉ

LE MEILLEUR FLAN DE PARIS

MORI YOSHIDA

ON EN A TESTÉ UNE BONNE TRENTAINE ET TU NE TROUVERAS PAS MIEUX QUE CHEZ MORI YOSHIDA, CE PÂTISSIER JAPONAIS CHAMPION DE FRANCE, À LA CARTE DE DESSERTS À LA FOIS INCROYABLE ET ACCESSIBLE.

À TESTER : AU RISQUE DE NOUS RÉPÉTER ET SANS VOULOIR TE MANQUER DE RESPECT, JEUNE LECTEUR : LE FLAN BORDEL.

65, AV. DE BRETEUIL,
PARIS 7

NOS 2ES COOKIES PRÉFÉRÉS

QUATRE HEURES

UNE ADRESSE CLAIREMENT SOUS-COTÉE. DANS LA MONTÉE DE MÉNILMONTANT, 2 PASSIONNÉS PAR LES COOKIES PRÉPARENT ET FONT CUIRE SUR PLACE DES COOKIES ABSOLUMENT DÉMENTS.

À TESTER : LE PASSION-CHOCOLAT BLANC POUR UNE EXPLOSION EN BOUCHE.

95, RUE DE
MÉNILMONTANT,
PARIS 20

quatre heures
quatre heures

LES DESSERTS
DIGNES D'UN RESTAU ÉTOILÉ

LES PÂTISSERIES HYPER RÉALISTES, WOW

LONG &TEE

ENVIE DE CROQUER DANS UN BOUT DE FROMAGE OU DE DÉCAPITER UN CHIOT ? C'EST POSSIBLE. PAR CONTRE ON JUGE : C'EST CHELOU COMME ACTIVITÉ.

BON PLAN : TU PEUX AUSSI COMMANDER UN GÂTEAU SUR MESURE ET DEMANDER À PEU PRÈS TOUT CE QUE TU SOUHAITES. EXEMPLE : UNE STATUE DE NOUS OU UN GUIDE ULTIME À MANGER.

39, RUE LA FAYETTE,
PARIS 9

LES MEILLEURS DONUTS DE PARIS, ENFIN !

BONE-SHAKER

IL S'EST PASSÉ QUOI RÉCEMMENT AVEC LES DONUTS ? DES DIZAINES DE NOUVELLES BOUTIQUES ONT DÉBARQUÉ, MAIS NOTRE COUP DE CŒUR RESTE CELLE D'AMANDA, CETTE CHEFFE PÂTISSIÈRE AMÉRICAINE DÉBARQUÉE IL Y A PLUS DE 10 ANS À PARIS AVEC SA BOUTIQUE INSTALLÉE ET RECONNUE DEPUIS BIEN LONGTEMPS.

À TESTER : LE« BONESHAKER CREAM », POUR LA SUBTILITÉ DE LA CARDAMOME.

77, RUE D'ABOUKIR,
PARIS 2

LES PÂTISSERIES DE 2 PASSIONNÉS : WOW

DAYOU

42, RUE BRÉGUET,
PARIS 11

LA PÂTISSERIE SOUS-COTÉE PLUS RAFFINÉE QU'UN SAC CHANEL. MONTÉE PAR AYYOUB ET DAVID, C'EST NOTRE COUP DE CŒUR DE L'ÈRE COVID.

À TESTER : LA PANNACOTTA PASSION ET LA TARTE AU CITRON MERINGUÉE. ET SINON, INUTILE DE PRÉCISER : TOUT CE QUI EST AU CHOCOLAT.

LES DESSERTS
DIGNES D'UN RESTAU ÉTOILÉ

LES PÂTISSERIES ÉPHÉMÈRES

UTOPIE
BOULANGERIE

S'IL Y A UN COMPTE À SUIVRE SUR INSTAGRAM, C'EST @BOULANGERIEUTOPIE (APRÈS @LEGUIDEULTIME, BIEN SÛR), POUR DÉCOUVRIR CHAQUE SEMAINE LA PÂTISSERIE DU WEEK-END. DES IDÉES FOLLES ET CRÉATIVES : ON N'A JAMAIS ÉTÉ DÉÇUS !

PAS DE « À TESTER », NOTRE SEUL CONSEIL, C'EST D'Y PASSER TOUS LES WEEK-ENDS OÙ TU ES TRISTE ET DÉSESPÉRÉ.

20, RUE JEAN-PIERRE-TIMBAUD,
PARIS 11

LES PÂTISSERIES COMME AU JAPON

TOMO
PÂTISSERIE

TOMO, C'EST LA PÂTISSERIE LA PLUS TRADI DE LA CAPITALE POUR VENIR DÉGUSTER DES DORAYAKI, DES PANCAKES JAPONAIS FAITS MINUTE FOURRÉS À LA CRÈME DE HARICOTS ROUGES.

ON SAIT : ÇA PEUT SONNER CHELOU, MAIS C'EST À TESTER AU MOINS UNE FOIS DANS SA VIE.

11, RUE CHABANAIS,
PARIS 2

朋 | TOMO
朋 | TOMO

LES MEILLEURS MOCHI DE PARIS

MAISON DU MOCHI

BON, PENDANT QU'ON EST SUR LE JAPON, ON NE POUVAIT PAS PASSER À CÔTÉ DE LA PÂTISSERIE HYPE DE 2021, LES MOCHI, CES PETITES BOULES FONDANTES À LA FARINE DE RIZ FOURRÉES AVEC PLEIN DE SAVEURS.
LES MOCHI MAISON SONT RARES, ET SELON NOUS ON LES TROUVE À LA MAISON DU MOCHI.

BONUS : LES MOCHI GLACÉS EN ÉTÉ.

120, RUE DE TURENNE,
PARIS 3
39, RUE DU CHERCHE-MIDI,
PARIS 6

DES COOKIES... PAS COMME LES AUTRES

HWANG CARRANT

PENDANT QU'ON PARLE DE MOCHI, IL FAUT (ESSAYER DE) TESTER LES MOCHI-COOKIES ÉPHÉMÈRES DE JEAN HWANG, UNE MAMAN DE TAÏWAN QUI A OUVERT UNE BOUTIQUE POUR PARTAGER LES RECETTES QU'ELLE FAISAIT À SES ENFANTS. TOUT EST MAISON, UN TRAVAIL MONSTRE ET UN RÉSULTAT SURPRENANT.

NOTE : LES 2 BOUTIQUES SONT CÔTE À CÔTE.

84, RUE D'ABOUKIR,
PARIS 2
36, RUE DES JEÛNEURS,
PARIS 2

Simply extra

APRÈS L'OPÉRA,

ON S'EST RENDU COMPTE AVEC NORA QU'ON AVAIT **2 PASSIONS COMMUNES** :

LA NOURRITURE

~~ÉCRIRE DES LIVRES AU DERNIER MOMENT~~

ET L'ENTREPRENEURIAT :)

DEPUIS LE LANCEMENT DU GUIDE ULTIME SUR INSTAGRAM, ON PRENAIT PETIT À PETIT CONSCIENCE DE LA VALEUR QU'ON CRÉAIT POUR LES RESTAURATEURS.

LES VIDÉOS FAISAIENT DES VUES.

LES VUES DEVENAIENT DES CLIENTS.

LES CLIENTS RAMENAIENT DE LA MOULA.

POUR NOUS REMERCIER, LES RESTAUS NOUS DISAIENT :

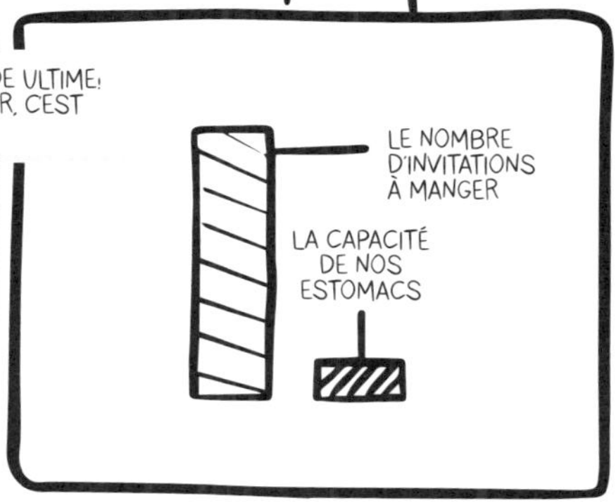

*** C'EST FAUX, C'ÉTAIT L'IDÉE DE VICTOR :)

MAIS PUISQU'IL A SOUVENT PLUS D'IDÉES QUE MOI, IL A MIS MON PRÉNOM POUR ME FAIRE PLAISIR, SAUF QUE C'EST MOI QUI FAIS LA MAQUETTE DU LIVRE, DONC J'AI TECHNIQUEMENT LE DERNIER MOT :)

DU COUP JE VOUS LE DIS QU'À VOUS : C'EST L'IDÉE DE VICTOR. BISOUS VIC.

DONC REPRENONS :

24H PLUS TARD :

24H PLUS TARD PLUS TARD :

ÇA A ÉTÉ UN SUCCÈS IMMENSE !
PLUS DE 2 000 PERSONNES SE SONT
ABONNÉES EN SI PEU DE TEMPS :)

DU COUP,
VOICI LA RECETTE DU SUCCÈS :

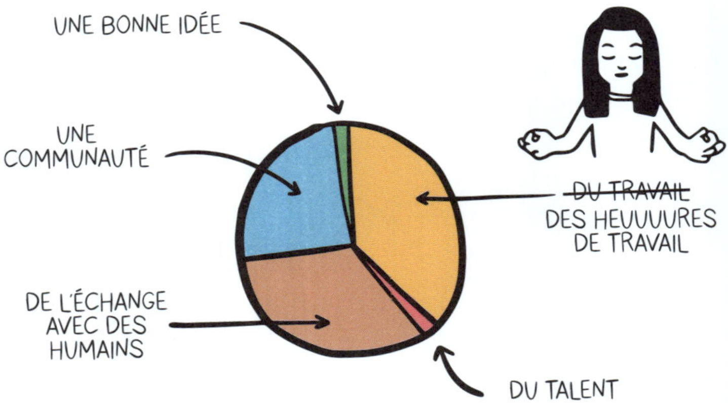

LE DEAL ULTIME
L'ABONNEMENT FOOD RENTABLE

POUR ALLER PLUS LOIN DANS CE LIVRE,
DÉCOUVREZ LEDEALULTIME.FR
EN SCANNANT CE QR CODE.

CÉTAIT PRÉVU, ÇA, DANS
LE LIVRE LES JEUNES ?

hachette

SUITE P.104

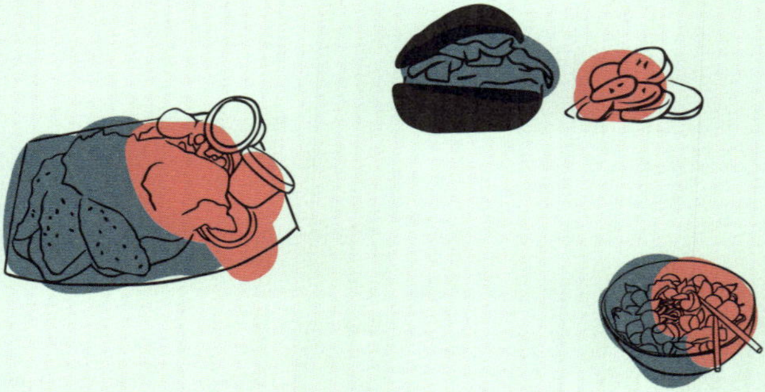

CHAPITRE 9

ODE À LA STREETFOOD

WESH

QUI MÉRITE AUSSI L'ÉTOILE

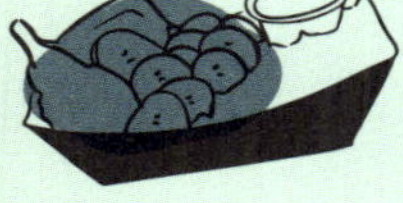

LE BARBECUE AFRICAIN QUI VA CHANGER TA VIE

NEWSOUL FOOD

RUDY LAINÉ, C'EST LE FRÈRE QUE TU AS TOUJOURS VOULU AVOIR.
ANCIEN PÂTISSIER, IL A MONTÉ NEW SOUL FOOD AVEC... SES FRÈRES ! AUJOURD'HUI, C'EST L'AMBASSADEUR DE LA SOUL FOOD* À PARIS. SON RESTAURANT EST SUR LE CANAL SAINT-MARTIN, ET FRANCHEMENT : C'EST CHANMÉ.

À TESTER : L'AGNEAU KANKAN ÉPICÉ À SOUHAIT, OU L'AFRO VÉGAN FRANCHEMENT DINGUE.

177, QUAI DE VALMY,
PARIS 10

LES BURGERS LES PLUS PEACE 'N' LOVE DE PARIS

ONE & ONE

IMAGINE UN BURGER OÙ TU REMPLACERAIS LA VIANDE PAR UNE ÉNORME BURRATA BIEN JUTEUSE QUE TU AURAIS PÂNÉE PUIS FAITE FRIRE. C'EST DÉCADENT ET C'EST DÉLICIEUX.

EN PLUS D'ÊTRE SUPER BON, C'EST UNE VRAIE RENCONTRE AVEC ATLANTIS, QUI DEPUIS GÈRE AUSSI UNE 2E ADRESSE : MAME KITCHEN :)

7, PASSAGE DES PANORAMAS,
PARIS 2

*LA SOUL FOOD REND HOMMAGE À LA MUSIQUE SOUL, ET À TOUTES LES VICTIMES DE LA TRAITE TRANSATLANTIQUE.

ONE AND ONE
FLOATING
Thought

LE RESTAU THAÏ TRADI MAIS ENGAGÉ

BIEN BIEN

ENFIN UN RESTAU AUTHENTIQUE ET FAMILIAL QUI REND HOMMAGE À LA CUISINE THAÏLANDAISE !
HENRI TE RECEVRA POUR DÉGUSTER NOTAMMENT UN « PRANANG CURRY » (CREVETTES SAUTÉES À LA SAUCE CURRY ROUGE, LAIT DE COCO ET CACAHUÈTES).

À TESTER : LA SOUPE TOM KHA GAI (AU LAIT DE COCO, POULET, CORIANDRE ET ÉPICES THAÏES).

30 BIS, RUE BERGÈRE,
PARIS 9

LES BRIOCHES FAITES MAISON QU'ON ADORE

JIXIAO'S BUNS

UNE PETITE CANTINE AVEC UNE CARTE TOUT AUSSI MINUSCULE. SA SPÉCIALITÉ : LES PAN-FRIED BUNS, DE GROS RAVIOLIS VAPEUR RONDS CUITS DANS UN FOND D'HUILE POUR GARDER DU CROUSTILLANT. À DÉGUSTER AVEC UNE PAILLE POUR ASPIRER LE BOUILLON À L'INTÉRIEUR DU BUN (ATTENTION : BRÛLANT).

À TESTER : LA BRIOCHE AU PORC, CLASSIQUE ET DÉLICIEUSE.

91, RUE BEAUBOURG,
PARIS 3

及校生
SPENDING MY CASH
PLANNING MY PARTY

GO

LES BURGERS VÉGANS QUI RIDICULISENT MCDO

FURAHAA TO GO

INSPIRÉ DES FAST-FOODS AMÉRICAINS AVEC DES ALTERNATIVES 100 % VÉGÉTALES, FURAHAA EST L'IDÉE FOLLE D'ARTHUR, UN JEUNE ENTREPRENEUR ÉGALEMENT TRÈS INVESTI DANS LA PROBLÉMATIQUE DE L'EMPLOI CHEZ LES SOURDS.

À TESTER : LE « N'CHEESEBURGER », À S'Y MÉPRENDRE !

78, RUE RÉAUMUR,
PARIS 2

L'ODE À L'ASIE DE L'EST DEPUIS 35 ANS

AMASIAM LAOSIAM

ANCIENNEMENT TENUES PAR LA MAMAN SOUKSAVANH, LES 2 ADRESSES SONT DÉSORMAIS GÉRÉES PAR LES FRÈRES ALEX, FRED ET NICOLAS. MERVEILLEUX HOMMAGE À LEURS ORIGINES LAOTIENNES, VIETNAMIENNES ET THAÏLANDAISES.

LE MUST : LES 2 RESTAUS SONT COLLÉS :)

À TESTER : TOUT BABY, ÇA TE PRENDRA 1 VIE ENVIRON.

49, RUE DE BELLEVILLE,
PARIS 19

CE CHAPITRE EST SPONSORISÉ PAR :

LA FRENCH TECH
LA START-UP NATION
LE PRÉSIDENT DE LA RÉPUBLIQUE

ET SURTOUT :
MOUNIR MAHJOUBI :)

WOW.

SUITE P.115

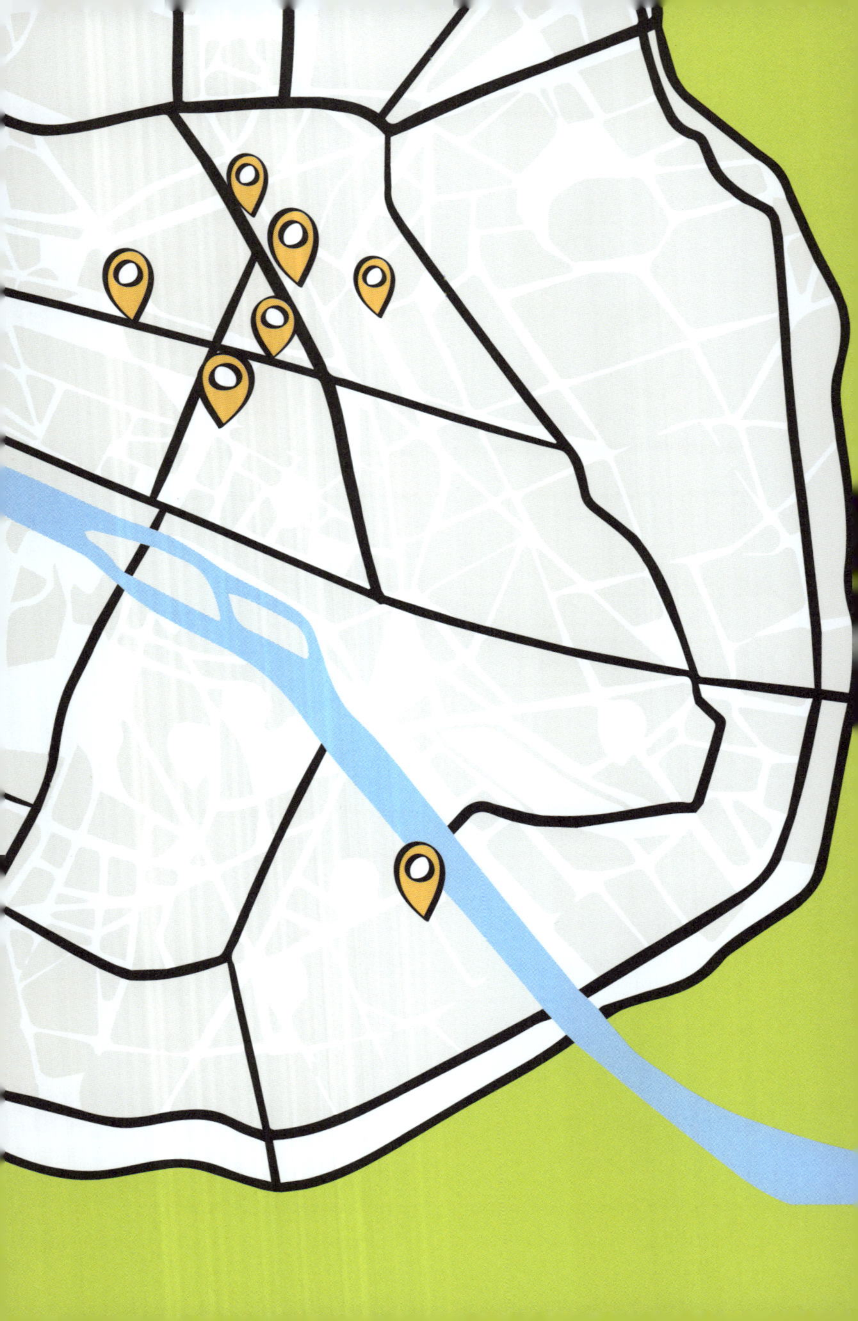

CHAPITRE 10

LES ADRESSES préfs DE NOTRE TEAM ♥

EN TOUTE OBJECTIVITÉ HEIN

LES ADRESSES préfs DE NOTRE TEAM ♥

NOTRE HÉROS DE LA FOOD VOUS FAIT SON TOP

LE TOP D'ALI

AUJOURD'HUI RESTAURANT

3, RUE LETORT - PARIS 18

L'UN DE MES RESTAURANTS FAVORIS DE PARIS. LA CHEFFE MARIE A FAIT SES PREUVES DANS LES PLUS GRANDS RESTAUS ET ELLE A DÉCIDÉ D'OUVRIR LE SIEN À SON IMAGE. C'EST SIMPLE MAIS ULTRA-SAVOUREUX.

MAMAIOA

63, RUE DU FBRG-DU-TEMPLE - PARIS 11

LE GUIDE ULTIME de PARIS

LA MEILLEURE PIZZA DE PARIS. JE T'EXPLIQUE POURQUOI DE MANIÈRE LOGIQUE :

- UN SOURCING DE FOU
- DES PRODUITS DE HAUTE QUALITÉ
- UN FOUR À PIZZA AUTHENTIQUE AU BOIS
- UN PIZZAIOLO CUBAIN FOU DE PIZZA ANCIEN INGÉNIEUR.

JE TE CONSEILLE LE TIRAMISU, QUI PEUT PARFOIS ÊTRE GRATUIT EN DISANT « MAMAIOA » À L'ENVERS ET EN PRÉSENTANT CE LIVRE :)

NOTRE OVNI PRÉFÉRÉ VOUS FAIT SON TOP

LE TOP DE KARIM

CARAÏBES

OÙ SONT LES CARAÏBES ? CHERCHE BIEN...

LE GUIDE ULTIME de PARIS

BON, LÀ, JE VAIS FAIRE SEMBLANT DE VOUS PARLER D'UN RESTAU MAIS EN RÉALITÉ C'EST UNE ÉNIGME.
INDICE : CARAÏBES. JE TE CONSEILLE D'ALLER À LA PAGE OÙ T'AS COMPRIS QU'IL FAUT ALLER, ET DE DIRE À CES GENS QUE KARIM LES ADORE AUSSI. ILS POURRAIENT TE L'OFFRIR, MAIS QUI MAIS QUOI... HAHAHA.

LE PETIT JEU

RUE DE LA BELLE-VIE, PARIS

LE GUIDE ULTIME de PARIS

POUR CE 2^{E} PETIT RESTAURANT, SI J'ÉTAIS TOI, JE ME RENDRAIS PAGE 139 : SOUVENT SUR PATTES, SON PRÉSENT EST FROID MAIS LE BOUILLON TE LE RÉCHAUFFE. IL N'ATTEND QUE TOI, ET SURTOUT, VIDE, IL PEUT ÊTRE DANGEREUX.

LES RESTAUS QU'ON A ADORÉS MAIS QUI N'ENTRENT DANS AUCUNE CATÉGORIE LOGIQUE MAIS QUI SONT TROP BONS

MILORD PARIS13

MILORD, C'EST LE RESTAURANT DE NOTRE TANT AIMÉ ANTOINE. ET ANTOINE, C'EST LE MEC LE PLUS CHTARBÉ QU'ON AIT RENCONTRÉ. ON VOUS A DÉJÀ PARLÉ DE LUI, MAIS SÛREMENT PAS ASSEZ EN FAIT.

FONCEZ DANS SON RESTAURANT, C'EST UNE ODE À LA JOIE DANS UN LIEU COSY, AVEC UN SERVICE AUX PETITS SOINS ET DES PRODUITS TELLEMENT BIEN SOURCÉS. BRAVO ANTOINE !

12, RUE DE TOLBIAC,
PARIS 13

GEOR-GETTE

À QUELQUES JOURS PRÈS, CE RESTAURANT NE SE SERAIT JAMAIS RETROUVÉ DANS NOTRE LIVRE PUISQU'IL VIENT D'OUVRIR !

SAUF QUE : IL EST JUSTE EN BAS DE NOS BUREAUX, ON Y A DONC FAIT PAS MAL DE RÉUNIONS EN TERRASSE, ET DE FIL EN AIGUILLE ON Y A DÉJEUNÉ. BEN C'EST JUSTE DÉLICIEUX EN FAIT. UNE CLAQUE.

À TESTER : LA FORMULE DU MIDI AU SOLEIL !

202, RUE SAINT-MARTIN
PARIS 3

LES BOWLS LIBANAIS DANS UNE PETITE RUE CALME DE CHÂTELET

60, RUE QUINCAMPOIX, PARIS 4

OLIVE & THYM

OLIVE & THYM, C'EST LA 3E ADRESSE DES COPAINS LIBANAIS DE MAN'OUCHÉ ET FALAFEL CAFÉ.
ICI, ILS SUBLIMENT LES PRODUITS BRUTS DE LA MÉDITERRANÉE DANS DES BOWLS LIBANAIS FRAIS COMME NEVER. LE PETIT PLUS : LA TERRASSE EST VRAIMENT CALME, ET TU PEUX PRENDRE À EMPORTER, EN QUELQUES MINUTES C'EST PRÊT.

À TESTER : LE POULET CHEVEUX D'ANGE INCROYABLE.

LE BISTROT DES COPAINS OÙ TU VEUX PASSER LE RESTE DE TA VIE

JOSEPH & RAYMOND

8, RUE
DE PARADIS,
PARIS 10

LUI, C'EST AUREL.
L'AUTRE, C'EST UN POULPE MORT.
JOSEPH & RAYMOND : C'EST LE RESTAU D'AUREL OÙ TU PEUX MANGER DU POULPE MORT MAIS DÉLICIEUX.
ON Y VA NOTAMMENT POUR L'APÉRO ET POUR LE DERNIER RAYON DE SOLEIL PARISIEN DE LA JOURNÉE (POUR DE VRAI). ENSUITE, ON SE LAISSE TENTER PAR UNE GRANDE TABLÉE, DES ASSIETTES À PARTAGER AUX SAVEURS DU SUD, ET POURQUOI PAS UN GROS PLAT À PARTAGER.

À TESTER : LE POULPE, ENFIN !

LES ADRESSES préfs DE NOTRE TEAM ♥

LE PLUS SURPRENANT DES RESTAUS DE CE LIVRE

LE REFUGE

PROCHE DE LA GARE DE LYON ! ON TE CONSEILLE DE PRENDRE UN TRAIN VERS UNE PETITE VILLE DE CAMPAGNE À 3H DE PARIS POUR MANGER D'EXCELLENTS PLATS D'UN CHEF QUI A PASSÉ SA JEUNESSE À BELLEVILLE.

BONUS : AVEC TGV MAX, IL EST FORT PROBABLE QUE CET ALLER-RETOUR TE COÛTE 0€ SI TU AS MOINS DE 27 ANS.

À TESTER : TOUTE LA CARTE.
P.-S. : OUI, ON ÉCRIT CE LIVRE À MARSEILLE HAHAHAHA.

22, RUE DU REFUGE,
MARSEILLE 2

LE PLUS INVENTIF DES RESTAUS DE STREET FOOD

MR. STREET

DE LA STREET FOOD AVEC DU SPECTACLE ! L'IDÉE DE MR. STREET, C'EST DE REPRENDRE DES CLASSIQUES DE LA STREET FOOD EN LES DÉTOURNANT EN VERSION GASTRO.

TACOS, KEBAB, BURGER : TOUT Y PASSE ET LE RÉSULTAT EST TOUJOURS AUSSI SURPRENANT QUE DÉLICIEUX.

À TESTER : LE MAC AND CHEESE 2.0 AU CHALUMEAU.

24, GAL. MONTMARTRE,
PARIS 2

Happy Nouilles

LA SUITE ICI

MAIS EN FAIT, POURQUOI TANT DE PASSION POUR LA STREET FOOD ?

IL Y A 3 ANS, J'AI PRIS UN ALLER SIMPLE POUR UNE VILLE AU PIF EN CHINE.
ET J'AI ACHETÉ UN VÉLO
MONGOLIE
CHINE
AFGHA
PAKI
INDE
BIRMANIE
THAÏ
VIET
INDO

J'AI TRAVERSÉ L'ASIE À VÉLO PENDANT 9 MOIS, AVEC DES HAUTS, DES BAS...
ET VU QUE JE BRÛLAIS BEAUCOUP DE CALORIES TOUS LES JOURS... :)
...JE M'ARRÊTAIS SUR LA ROUTE POUR GOÛTER À LA CUISINE LOCALE :
DES BAO ET DES BRIOCHES
DES BROCHETTES, DU RIZ VAPEUR...
DES NOUILLES FRAÎCHES

APRÈS 9 MOIS, QUAND JE SUIS RENTRÉ EN FRANCE... COUP DUR.
15 MARS 2020 : COVID. RESTAURANTS FERMÉS. PATIENTS. SOIGNANTS. ENFERMÉS. MORTS. CONFINEMENT. AHHHHHHH.
FERMÉ
TAKE AWAY ONLY
FERMÉ
COVID

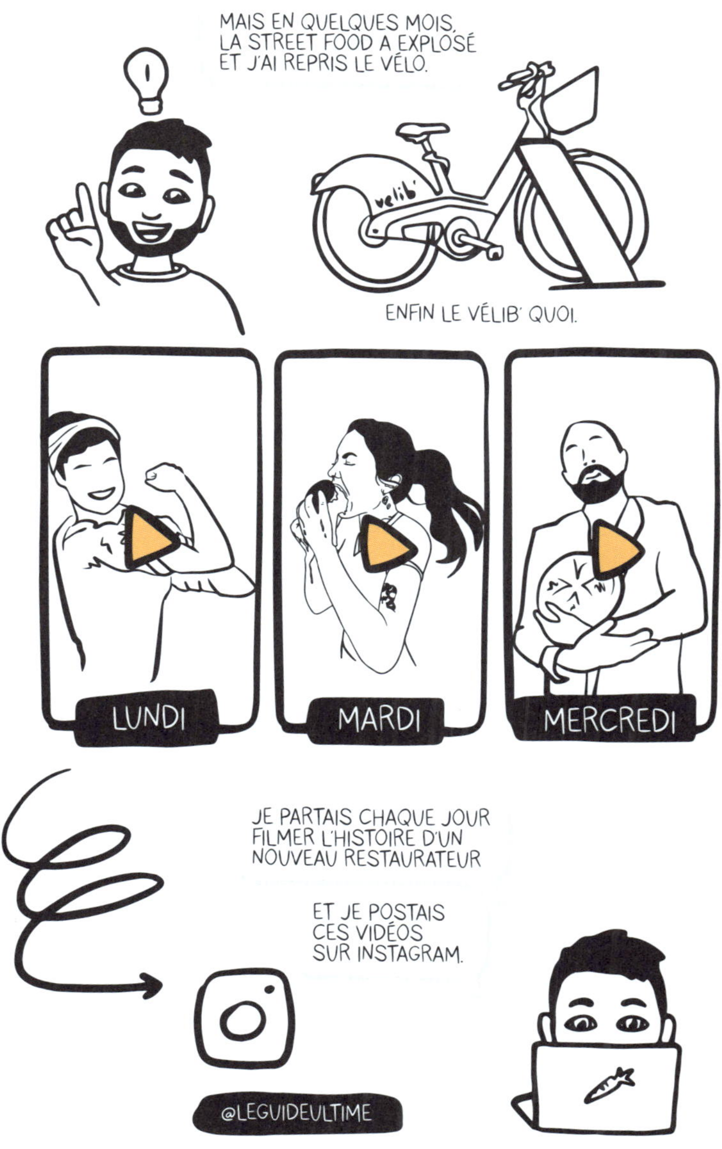
MAIS EN QUELQUES MOIS, LA STREET FOOD A EXPLOSÉ ET J'AI REPRIS LE VÉLO.
vélib'
ENFIN LE VÉLIB' QUOI.
LUNDI
MARDI
MERCREDI
JE PARTAIS CHAQUE JOUR FILMER L'HISTOIRE D'UN NOUVEAU RESTAURATEUR
ET JE POSTAIS CES VIDÉOS SUR INSTAGRAM.
@LEGUIDEULTIME

SUITE P.178

CHAPITRE 11

LA CORÉE À Paris

VERSION SUDISTE OF COURSE

ATELIERS
HAPPY
COOK

CE CHAPITRE A ÉTÉ GENTIMENT ÉCRIT
PAR KARIM DE HAPPYCOOK.FR

KGB

POUR MOI, LE MEILLEUR BARBECUE CORÉEN DE LA CAPITALE. IL PROPOSE D'EXCELLENTES VIANDES ET DES PLATS VRAIMENT GOÛTUS. LE CHEF DAVID LEE TE FERA VOYAGER EN CORÉE SANS PRENDRE L'AVION.

25, RUE DES GRANDS-AUGUSTINS,
PARIS 6

MISSO

IL FAIT PARTIE DE MES COUPS DE CŒUR 2021, UNE CANTINE TENUE PAR UNE MAMMA CORÉENNE QUI OFFICIE DEPUIS PLUS DE 15 ANS DANS CETTE PETITE ÉCHOPPE DE 5 M². DES PLATS EXCELLENTS, COMME À LA MAISON, SANS CHICHIS, POUR ENVIRON 10 €.

27, RUE DU MOULIN-DES-PRÉS,
PARIS 13

SAM CHIC

UN EXCELLENT BBQ CORÉEN SITUÉ DANS LA RUE DU CÉLÈBRE BUBBLE TEA MACHI MACHI. PAS MAL D'ACCOMPAGNEMENTS (BANCHAN) ET DE VIANDES DE QUALITÉ. SI TU VEUX TESTER UN BON BBQ SANS TROP TE RUINER, FONCE !

11, RUE RAMEAU,
PARIS 2

IDAM

SI T'AS ENVIE DE DÉCOUVRIR UN VÉRITABLE COREÉEN, JE TE CONSEILLE CETTE ADRESSE. M. MOON, LE PROPRIÉTAIRE, SE FERA UN PLAISIR DE T'ACCUEILLIR COMME À LA MAISON. MENTION SPÉCIALE POUR LA DÉCO FRANÇAISE ET LA VAISSELLE. LES MANDU, LES BIBIMBAP ET LES BINGSU SONT EXCELLENTS.

12, RUE BEAUGRENELLE, PARIS 15

+82PARIS

POUR MOI, LE MEILLEUR CAFÉ CORÉEN DE LA CAPITALE. DES BINGSU DE QUALITEYYYYY MORAYYYY, AINSI QUE SES PÂTISSERIES ET BOISSONS.

MENTION SPÉCIALE POUR LE MATCHA LATTE ET LE THÉ YUZU.

11 BIS, RUE VAUQUELIN, PARIS 5

K-CHIMAEK

UN DES MEILLEURS POULETS CORÉENS DE PANAME. DES MARINADES SUPER BIEN TRAVAILLÉES, UN POULET JUTEUX ET BIEN CROUSTILLANT… C'EST GRÂCE À SA QUALITÉ QUE CE RESTAURANT S'EST CONSTRUIT UNE RÉPUTATION SOLIDE, JAMAIS DÉMENTIE.
LES SAUCES SONT AUSSI EXCELLENTES !

139, RUE DE TOLBIAC, PARIS 13

KRISPY
KOREAN CHICKEN

LE FOOD TRUCK CORÉEN PAR EXCELLENCE POUR MANGER UN DÉLICIEUX POULET, FAIT AVEC AMOUR PAR VANESSA ET SON FRÈRE. PORTION GÉNÉREUSE ET SAUCE SUPER BIEN TRAVAILLÉE POUR 10 €.

BRAVO LA FAMILLE :)

TU PEUX SUIVRE SES EMPLACEMENTS SUR SON INSTA !

GANGNAM
FALAFEL SINCE 2020

UN RESTAURANT TRÈS SURPRENANT CAR C'EST UNE FUSION ENTRE LA CORÉE ET LE LIBAN, ET ÇA MATCHE SUPER BIEN ! LE BOWL FALAFEL ET KIMCHI EST SUPER BON ET GÉNÉREUX. ON AIME AUSSI LE SERVICE DE L'ADORABLE NICKY, UNE ANCIENNE DESIGNEUSE VENUE TENTER L'EXPÉRIENCE D'OUVRIR UN RESTAU À PARIS EN MÉLANGEANT SES 2 PAYS COUPS DE CŒUR.

ON SENT QUE C'EST FAIT AVEC ATTENTION ET AMOUR.
BRAVO NICKY :)

92, RUE SAINT-MAUR, PARIS 11

LE GUIDE ULTIME de PARIS

GANGNAM FALAFEL
SINCE
2020

SWEE-TEAS'S

LE PLUS INSTAGRAMMABLE, JE PENSE, DES RESTAUS CORÉENS, AVEC SON FAMEUX PLAT SIGNATURE LE « VOLCANO EGG'S », CUIT DEVANT TOI.

LE POULET EST AUSSI BON. UN CHOIX DIVERS ET VARIÉ POUR DÉCOUVRIR LA CUISINE CORÉENNE.

61, RUE DES GRAVILLIERS, PARIS 3

KICK CAFÉ

KPOP IS FOR COOL KIDS

SI T'AS ENVIE DE TE PLONGER DANS L'UNIVERS DE LA K-POP ET DES DRAMA CORÉENS AUTOUR D'EXCELLENTES BOISSONS, JE TE RECOMMANDE CETTE ADRESSE TRÈS SYMPA OÙ L'ACCUEIL EST CHALEUREUX.

LE PLUS : LE WEEK-END TU AS SOUVENT DES GROUPES DE K-POP QUI VIENNENT PERFORMER SUR LA PLACE EN FACE DU CAFÉ.

12, RUE D'ALEXANDRIE, PARIS 2

kick
kick
café
KPOPISFORCOOLKIDS
@kpopisforcoolkids
Kick Café
@kpopisfcoolkids
u lundi au dimanche
10:00 - 18:00

CHAPITRE 12

et le Japon à Paris

POUR LES VRAIS OTAKU

ATELIERS HAPPY COOK

CE CHAPITRE A (AUSSI) ÉTÉ GENTIMENT ÉCRIT PAR KARIM DE HAPPYCOOK.FR

HAIKARA

LE MEILLEUR RESTAU À TAPAS JAPONAIS DE LA CAPITALE, TENU D'UNE MAIN DE MAÎTRE PAR SHO MYASHITA ET JÉRÉMY MÉGALY.

MENTION SPÉCIALE POUR LE TOFU À L'AIL NOIR FAIT MAISON ET SA SAUCE PONZU.

82, RUE DE LA FOLIE-MÉRICOURT, PARIS 11

AKI

ADRESSE TRÈS CONNUE DES AFICIONADOS DU JAPON. LE SEUL RESTAU À PROPOSER D'EXCELLENTS MELON PAN À PANAME ET JUSTE POUR ÇA J'ÉTAIS OBLIGÉ DE LE MENTIONNER.

ON AIME AUSSI LES PETITS BENTOS EN TAKE AWAY.

75, RUE SAINTE-ANNE, PARIS 2

SHOKA

POUR MOI, LE MEILLEUR RESTAU JAPONAIS DE PARIS, QUE CE SOIT POUR LA QUALITÉ DE SON POISSON, SES PRIX DOUX OU LE FAMEUX CURRY JAPONAIS, LE « CHICKEN KATSU » , LES TAKOYAKI OU ENCORE LE SAUMON TERIYAKI. MENTION SPÉCIALE POUR LE CHEF NAIPENG, UN VRAI PASSIONNÉ QUI VEUT TOUJOURS LE MEILLEUR POUR SES CLIENTS.

1, RUE ERNEST-RENAN, 92130 ISSY-LES-MOULINEAUX

SANUKIYA

LES MEILLEURS UDONS DE PARIS. BON, TOUJOURS DE L'ATTENTE MAIS ÇA VAUT VRAIMENT LE COUP, ET EN PLUS POUR 12 € TU PEUX MANGER COPIEUSEMENT.
NOUILLES FAITES MAISON AVEC AMOUR ET ÇA SE SENT. LE BOUILLON EST VRAIMENT BON ET VÉGÉ EN OPTION.

9, RUE D'ARGENTEUIL,
PARIS 1

KODAWARI

UNE INSTITUTION QUI COMPTE DÉSORMAIS PARMI LES MEILLEURS RAMENS DE PANAME.
2 RESTAURANTS : L'UN À BASE DE VIANDE, L'AUTRE DE POISSON. DES INGRÉDIENTS DE QUALITÉ, UNE DÉCORATION INCROYABLE POUR UN PRIX CONVENABLE. TU VAS KIFFER L'EXPÉRIENCE.

29, RUE MAZARINE,
PARIS 6

NARITAKE

31, RUE DES
PETITS-CHAMPS,
PARIS 1

UNE CUISINE JAPONAISE PLUS TRADITIONNELLE, LOIN DES HABITUELS SUSHIS. JE TE RECOMMANDE LES RAMENS, LEURS FAMEUX KATSUDON - YAKINIKUDON - OYAKUDON COMPOSÉS DE RIZ, ŒUF ET VIANDE, QUI SONT DÉLICIEUX. BREF, DE QUOI SE RÉGALER AVEC DES SAVEURS JAPONAISES DANS CETTE AUTHENTIQUE PETITE CANTINE AUX PRIX TRÈS ACCESSIBLES.

GILI-GILI

SI T'AS ENVIE DE MANGER D'EXCELLENTS ONIGIRI, CES FAMEUSES BOULETTES JAPONAISES, VA FAIRE UN TOUR CHEZ GILI-GILI, OÙ LE COUPLE FRANCO-JAPONAIS MAÎTRISE À LA PERFECTION CE PETIT HORS-D'ŒUVRE.

TOUT EST BON, CHEZ EUX. C'EST UN EXCELLENT PLAN POUR LES PETITES BOURSES ET C'EST CUISINÉ AVEC AMOUR.

48, RUE NOTRE-DAME-DE-LORETTE, PARIS 9

RAMEN ET GYOZA BAR

DANS LE PASSAGE DES PANORAMAS, 2 TRÈS BONS BARS À GYOZAS ET À RAMENS, TENUS PAR LE MÊME PATRON.

TU PEUX DÉGUSTER PLEIN DE GYOZAS VARIÉS : VEGGIE, POULET OU MÊME CLASSIQUES AU PORC, FAITS TOUS LES JOURS DANS LEUR ATELIER. L'AMBIANCE EST TRÈS STYLÉE ET C'EST PEU FRÉQUENTÉ.

MENTIONS SPÉCIALES POUR LEUR GYOZAS BOWL ET POUR LES CHEFS JB ET GUILLAUME :)

53-56, PASSAGE DES PANORAMAS, PARIS 2

Ramen
BAR
53

CHAPITRE 13

BOUISBOUIS BONS ET PAS CHERS

PARMI BEAUCOUP D'AUTRES

CANTINE DU LOTUS

7, RUE DE LA MICHODIÈRE, PARIS 2

UNE PETITE CANTINE VÉGÉTALE INSPIRÉE PAR LES TRADITIONS BOUDDHISTES.
CE RESTAU A RÉUSSI L'EXPLOIT D'AVOIR LA NOTE DE 4.9 SUR 5 SUR GOOGLE.
GROS BONUS : LE CHIEN Y EST HYPER ADORABLE.

À TESTER : LES BENTOS, PARFAITS POUR DÉJEUNER LE MIDI.

CHIV'S KOY

4, AVENUE PARMENTIER, PARIS 11

L'HISTOIRE DE 2 FRÈRES QUI ONT DÉCIDÉ DE MONTER UN RESTAU POUR FAIRE DÉCOUVRIR LES RECETTES DU PAPA AUX 30 ANS D'EXPÉRIENCE EN RÔTISSERIE SUR LES MARCHÉS PARISIENS. UN POULET TELLEMENT BON QU'IL SE DÉGUSTE SANS SAUCE.

À TESTER : LE POULET BRAISÉ AVEC SA MARINADE SECRÈTE.

TENDERNESS

MAIS POURQUOI LES SANDWICHS EN BOULANGERIE SONT-ILS SI DÉCEVANTS ? ÉMILIE A TENTÉ DE RÉPONDRE À CETTE QUESTION EN PROPOSANT DES SANDWICHS FRAIS, FAITS MINUTE À PARTIR DE PRODUITS LOCAUX SCRUPULEUSEMENT SOURCÉS. LE TOUT À UN PRIX TRÈS JUSTE.

À TESTER : LE SANDWICH VÉGÉ AVEC DU CHÈVRE FRAIS, ET SURTOUT LES INCROYABLES DESSERTS MAISON !

4, RUE CHARLES-MOUREU,
PARIS 13

NEKO RAMEN

SEDRIK EST UN FOU DU RAMEN. APRÈS AVOIR VÉCU AU JAPON POUR APPRENDRE DES PLUS GRANDS, IL A OUVERT CE MAGNIFIQUE RESTAURANT, TOUJOURS REMPLI, OÙ ON ENVOIE À LA CHAÎNE DES RAMENS QUI VALENT LE DÉTOUR.

À TESTER : LE RAMEN VÉGÉTAL À 9,50 € ET SON BOUILLON AUX 7 LÉGUMES.

6, RUE DE LA GRANGE-BATELIÈRE,
PARIS 9

Neko Ramen
猫 ラーメン
1
LE GUIDE ULTIME de PARIS
UN MOCHI GLACÉ OFFERT EN PRÉSENTANT CETTE PHRASE

XIANG PIAO PIAO

XIANG PIAO PIAO, C'EST LE VRAI TOUT PETIT RESTAURANT CHINOIS QUE SEULS LES LOCAUX DU QUARTIER CONNAISSENT.
TU Y VAS QUAND ÇA VA MAL POUR DÉGUSTER DES DIZAINES DE RAVIOLIS FAITS MAISON TOUS AUSSI JUTEUX ET DÉLICIEUX.

P.-S. : N'Y VA PAS EN GROUPE, ILS NE POURRONT PAS VOUS SERVIR :)

À TESTER : LE MÉGA CLASSIQUE PORC CIVETTE.

4 BIS, RUE DAVY,
PARIS 17

PARSLEY

LE MEILLEUR DE LA STREET FOOD LEVANTINE ! GEOFFREY A OUVERT TRÈS RÉCEMMENT CE RESTAU POUR PARTAGER SA PASSION POUR UNE CUISINE ENCORE TROP MÉCONNUE À PARIS. DES SANDWICHS GÉNÉREUX, RICHES EN CRUDITÉS ET AUX SAUCES MAISON DIVINES.

À TESTER : LES SANDWICHS BIEN SÛR, MAIS AUSSI LE SIDE FRITES DE PATATE DOUCE FETA ET ZAATAR, LA MEILLEURE INVENTION DEPUIS LA TROTTINETTE ÉLECTRIQUE.

47, RUE DES
TROIS-BORNES,
PARIS 11

PARSLEY

CHAPITRE 14

COUPS DE ♡ DE L'AUTEUR

AKA VICTOR HABCHY SOLO

COUPS DE ♡ DE L'AUTEUR

LA MAIN NOIRE

APRÈS UNE RENCONTRE EN AUSTRALIE, LES 3 ASSOCIÉS SE SONT RETROUVÉS À PARIS POUR OUVRIR UN COFFEE SHOP DIGNE DE CEUX DE MELBOURNE. UNE CARTE SALÉE TRAVAILLÉE ET DES BOISSONS QUI DONNENT ENVIE DE RESTER POSÉ TOUTE LA JOURNÉE DANS CE TRÈS BEAU DÉCOR. BONUS : ENCORE UN CHIEN MIGNON !

À TESTER : LE CHAÏ LATTE, À BASE D'ÉPICES TORRÉFIÉES AU MIEL.

12, RUE CAVALLOTTI,
PARIS 18

GOKU

CONNU POUR AVOIR GAGNÉ LE PRIX DU MEILLEUR BURGER DE FRANCE, VINCENT RAMÈNE SA PASSION POUR LA STREET FOOD ASIATIQUE DANS SON RESTAU BOURRÉ DE RÉFÉRENCES À LA POP CULTURE ET AU MANGA.

À TESTER : LE « BLACK OG BURGER », QUI MÉRITE TOUJOURS SON PALMARÈS.

27, BD DU TEMPLE,
PARIS 3

GOKU
GOKU

COUPS DE ♡ DE L'AUTEUR

AE JUNG

LE TEMPLE DE LA STREET FOOD CORÉENNE ! UNE JEUNE CHEFFE TIMIDE EN FRANÇAIS, QUI PRÉPARE TOUS LES JOURS D'EXCELLENTS KOREAN FRIED CHICKEN OU DES CORN DOGS QUE T'AS SÛREMENT DÉJÀ VUS PASSER SUR INSTAGRAM.

À TESTER : LE POULET FRIT DANS SA RECETTE LEMON PEPPER.

29, RUE SAINT-LAZARE, PARIS 9

EVE SANDWICH

VINCENT DÉBARQUE TOUT JUSTE D'ANGOULÊME AVEC L'AMBITION DE PROPOSER AUX PARISIENS UNE ALTERNATIVE VÉGÉTALE, BONNE ET ACCESSIBLE, AUX CLASSIQUES DE BOULANGERIE. PARI TOTALEMENT RÉUSSI.

À TESTER : LES DESSERTS MAISON PRÉPARÉS PAR SA COPINE. AU TOP !

37, RUE D'ABOUKIR, PARIS 2

eve
SANDWICHERIE VÉGÉ
eve
CITRON VERT

POUR LES MOLDUS,
VOICI CE QU'EST UNE DARK KITCHEN.

UN RESTAURANT SANS FAÇADE,
SANS SALLE, SANS SERVEUR,
AVEC UNE GROSSE STRATÉGIE DIGITALE.

CHAPITRE 15

~ DARK KITCHEN ~

QUI N'ONT ÉTONNAMMENT PAS PRÉVU D'ENTERRER LA RESTAURATION TRADITIONNELLE

ET ALORS SI BOCUSE SAVAIT…

STREET LAB

SEMI-DARK, SEMI-LIGHT, STREETLAB C'EST LA PETITE PÉPITE DU 11e MONTÉE PAR L'ÉQUIPE DU GROUPE ELENI. CE GROUPE, C'EST CELUI DE JUAN ARBELAEZ NOTAMMENT, ET DES FRÈRES GRECS FONDATEURS DE LA MARQUE KALIOS.
LÀ-BAS, TU COMMANDES SUR UNE BORNE 4 MARQUES DE STREET FOOD VRAIMENT BIEN : YAYA TO GO, GRAN BURGER, POLA BOWL & FISHBAR ET LITTLE COCOTTE.

À TESTER : L'EXPÉRIENCE.

64, RUE DE CHARONNE, PARIS 11

UNITED KITCHEN

ON EST ASSEZ FANS DU CONCEPT, ON SE DEVAIT DE VOUS EN PARLER : DANS UN SEUL ET MÊME ENDROIT (VIRTUEL) SONT RÉUNIS PLUSIEURS DÉLICIEUX PLATS DE VOS RESTAURATEURS PRÉFS. D'AILLEURS, DE CE GUIDE, VOUS RETROUVEREZ NOTAMMENT LE POULET CORÉEN DE KRISPY COREAN CHICKEN !

À COMMANDER DIRECTEMENT DEPUIS LEUR SITE (PAS D'UBER EATS OU DE DELIVEROO, BANDE DE FLEMMARDS.)

39, RUE JEAN-BAPTISTE-PIGALLE, PARIS 9

LE GUIDE ULTIME de PARIS

RÉSOUS ÇETTE ÉNIGME

...ET ABDEL DE FOODCO' T'OFFRE UNE ROLLBOX RIEN QUE POUR TOI SUR PRÉSENTATION DE CE LIVRE :)

BARRE TOUTES LES LETTRES INUTILES

ATTENTION, TU DEVRAS MONTRER ÇA À LA MAISON DU ROLL ! UN SEUL ESSAI POSSIBLE, SANS RATURE.

« UANB BDOENL ROALBL EDSET ULN RAOLBL GDRAETLUIATB QDU'OENL SAEB LDE DEISLE. »

SIGNÉ ABDEL 4 ANS

~ DARK KITCHEN ~

QUI N'ONT ÉTONNAMMENT PAS PRÉVU D'ENTERRER LA RESTAURATION TRADITIONNELLE

FOOD CO'

ABDEL ALAOUI, LE CHEF RE-STA D'INSTAGRAM, A CRÉÉ SES PROPRES RESTAURANTS VIRTUELS RÉUNIS SOUS LA MARQUE FOODCO'.
NOUS, NOTRE COUP DE CŒUR, C'EST LA MAISON DU ROLL. EXIT LE JAPONAIS FRANCISÉ DONT TOUS LES MENUS SONT SIMILAIRES DANS LA FRANCE ENTIÈRE.
CHEZ ABDEL, TU TE FAIS PLAISIR AVEC DES RECETTES ASSEZ ÉTONNANTES, QUE TU PEUX COMMANDER EN CLICK AND COLLECT !

48, RUE DU CHEMIN-VERT, PARIS 11

SANS TRANSITION...

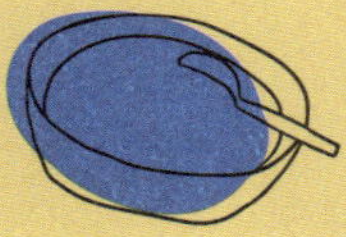

CHAPITRE 16

LES « BOUILLONS » à l'ancienne !

OÙ MANGER TOUS LES JOURS

VICTOR &CHARLY

FIERS AMBASSADEURS DU GROUPE NOUVELLE GARDE, L'IDÉE DE CES DEUX-LÀ EST DE DÉRINGARDISER LA CUISINE TRADI DE NOS PAPIS-MAMIES.

APRÈS LA BRASSERIE BELLANGER, ILS ONT OUVERT LA BRASSERIE DUBILLOT, EN HOMMAGE AUX NOMS DE FAMILLE DE LEURS ANCIENS.

LÀ-BAS, L'IDÉE, C'EST DE MANGER TOUS LES JOURS POUR PAS CHER, DANS UN CADRE FRANCHOUILLARD. BRAVO LES GARS ET VOTRE ÉQUIPE !

222, RUE SAINT-DENIS,
PARIS 2

BOUILLON CHARTIER

ALORS LÀ, C'EST PÉPITE. CE RESTAU EXISTE DEPUIS 1896. L'IDÉE, C'EST AUSSI DE POUVOIR Y MANGER 365 JOURS PAR AN. AUTANT TE DIRE QUE L'ÈRE COVID N'A PAS DÛ LEUR FAIRE DU BIEN NON PLUS...

ÇA SENT BON LA TRADITION, ÇA SENT BON LA FRANCE D'ANTAN ET LE SERVICE D'AUTREFOIS.

À TESTER : L'ŒUF-MAYO À 2 €, LE POULET-FRITES À 9 € ET LE RIZ AU LAIT À 2,60 €.

7, RUE DU FAUBOURG-MONTMARTRE,
PARIS 9

Chartier
BOUILLON
CHARTIER
PARIS
LES ENTREES
LES PATES
LES PLATS

C'EST LÀ QU'IL FAUT DIRE
MERCI À KARIM ET ALI,
C'EST BIEN ÇA ?
hachette

TOURS ET PARCOURS

EN PARTENARIAT NON RÉMUNÉRÉ AVEC GOOGLE MAPS

TOUR STREET ART PARIS13

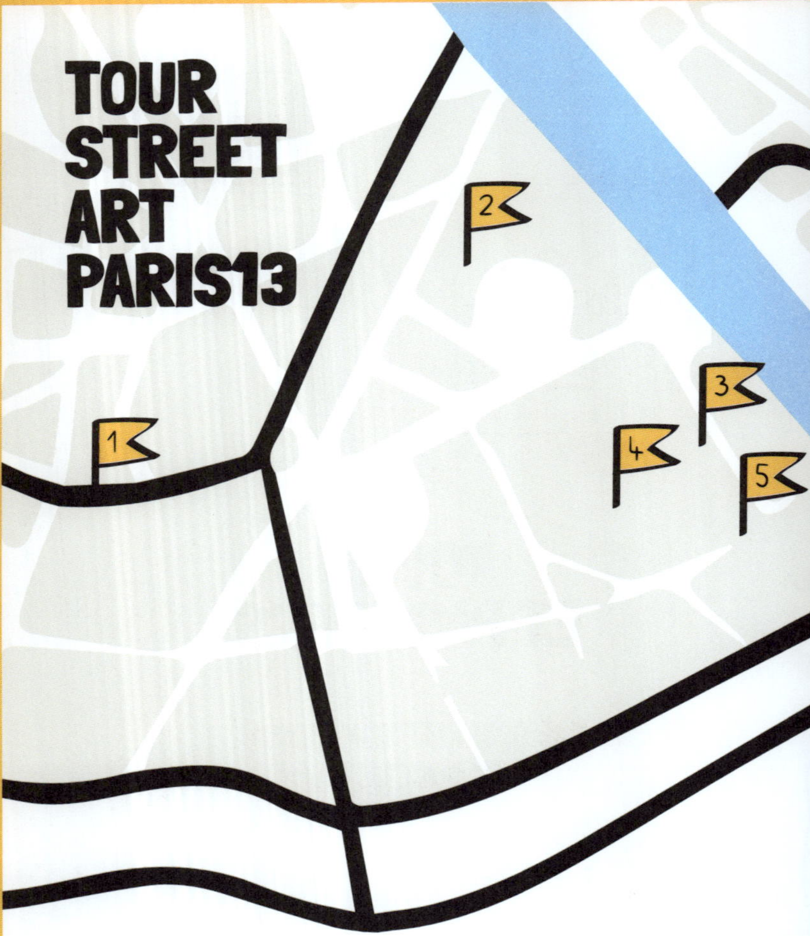

1. LA BUTTE-AUX-CAILLES

DÉMARRE CE PARCOURS SUR LA PLACE DE LA COMMUNE-DE-PARIS ET ADMIRE LE TRAVAIL DE SETH ET D'AUTRES STREET ARTISTES.
MARCHE 10 MINUTES ET...

2. BOULEVARD VINCENT-AURIOL

... PRENDS LE BOULEVARD VINCENT-AURIOL : TU VERRAS UNE DIZAINE D'ŒUVRES MURALES TOUTES DIFFÉRENTES ET INTÉRESSANTES. DU POP ART AU RÉALISME.

3. 87, RUE DU CHEVALERET

TU LONGES LES QUAIS POUR ARRIVER FINALEMENT ICI. TU POURRAS Y ADMIRER LE TRAVAIL DE L'ARTISTE BORDALO II, QUI A CRÉÉ À CET ENDROIT UN CASTOR GÉANT EN 3 DIMENSIONS.

4. LES FRIGOS

UN ÉNORME BÂTIMENT QUI FAIT RÉSIDENCE D'ARTISTES ET QUE TU PEUX LIBREMENT VISITER. TU POURRAS VOIR LE TRAVAIL D'UNE TRENTAINE D'ARTISTES TOUS DANS DES ESPACES DIFFÉRENTS, C'EST UNE VRAIE EXPÉRIENCE UNDERGROUND À VIVRE. TU AS L'IMPRESSION DE FAIRE DE L'URBEX TOUT EN VOYANT DES ŒUVRES D'ART.

5. 15, RUE THOMAS-MANN

DANS TOUT LE QUARTIER JEAN-MOULIN, TU POURRAS RETROUVER DU STREET ART SUR LE SOL ET LES MURS. BALADE-TOI UN PEU AUTOUR ET N'OUBLIE PAS DE PRENDRE DES PHOTOS.

6. SPOT 13

FINIS TON PARCOURS DANS CETTE TRÈS GRANDE FRICHE URBAINE LAISSÉE À L'ABANDON ET RÉAPPROPRIÉE PAR DES STREET ARTISTES QUI ONT GRAFFÉ PARTOUT À L'INTÉRIEUR, À L'EXTÉRIEUR ET MÊME DANS LES ESCALIERS.

C'EST UN ENDROIT RENVERSANT À VOIR ABSOLUMENT SI ON EST DE PASSAGE À PARIS OU MÊME SI ON EST PARISIEN.

RETROUVE CE PARCOURS EN SCANNANT CE QR CODE, + OPTION FOOD DANS LE 13E.

4
3
5
2
6
7
9
8
1

TOUR FRIPERIE PARIS

1. MAM'ZELLE SWING

DES PIÈCES DE 1920 À 1960 T'ATTENDENT DANS CETTE FRIPERIE.
TU Y TROUVERAS DES GUÊPIÈRES, DES FOULARDS ET DES NUISETTES. AMATEUR.RICE.S DE LOOK RÉTRO, C'EST L'ENDROIT PARFAIT POUR VOUS.

2. RELIQUE

UN DÉCOR MAGNIFIQUE DES ANNÉES 70 AVEC DES COULEURS ULTRA-VIVES. TU AIMERAS PROBABLEMENT SI T'AIMES LE LOOK DE CETTE PÉRIODE. VIVE LA FUNK.

3. GUERRISOL

SANS DOUTE PARMI LES FRIPES LES MOINS CHÈRES DE PARIS MAIS AUSSI CELLES OÙ IL FAUT LE PLUS CHERCHER. SI T'AS L'ÂME D'UN DIGGER, N'HÉSITE PAS.

4. BY FLOWERS

PLEIN DE VÊTEMENTS PAS CHERS ET PAS TRÈS BIEN ORDONNÉS. ON AIME SURTOUT POUR LE NOMBRE DE PIÈCES MAGNIFIQUES QU'ON PEUT Y TROUVER.

5. BOBBY

ENCORE UNE FRIPERIE OÙ TU POURRAS FAIRE DE BONNES AFFAIRES. LES PIÈCES SONT BIEN CHOISIES ET ÇA SE VOIT. TU VAS KIFFER.

6. ÉPISODE

UNE CHAÎNE DE FRIPES VENUE DES PAYS-BAS, TRÈS ORDONNÉE, AVEC DE BELLES PIÈCES PAS CHÈRES. LE MAGASIN A TRIÉ TOUTES LES PIÈCES PAR STYLES, ÇA FACILITE LA VIE, TU VERRAS.

7. RETRO

UNE FRIPERIE GÉNIALE AVEC DE LA BONNE MUSIQUE, DES FRIPES PAS CHÈRES ET DE QUALITÉ, ET PARFOIS MÊME UN TATOUEUR.

8. FREEP'STAR

VAS-Y POUR LE BAC À 1 € DANS LEQUEL TU POURRAS TROUVER DES PÉPITES. PAR CONTRE N'Y VA PAS LE WEEK-END (ON T'AURA PRÉVENU.E).

9. KILO SHOP

ICI, TU PÈSES TES FRINGUES COMME SI T'ÉTAIS AU MARCHÉ. 20 € LE KILO DE TEE-SHIRTS, FAIS ATTENTION À PRENDRE DES PIÈCES LÉGÈRES !

RETROUVE TOUTES LES ADRESSES DES FRIPERIES EN SCANNANT CE QR CODE.

LE TOUR DU MONDE DE LA FOOD SANS SORTIR DE PARIS

LE TAÏS – COUSCOUS
MHAJBI – MHAJEB
GUMBO YAYA – SOUL FOOD
VT CASH&CARRY – SRI LANKA
MARCHÉ DEJEAN – AFRIQUE
URFA DÜRÜM – KURDE
PASSAGE BRADY – INDE
BOBI – PHILIPPINES
BANM BOKIT – CARAÏBES

POUR FAIRE CE TOUR, SCANNE CE QR CODE.

IL FAUT PRÉVOIR UNE BELLE JOURNÉE DE 11H À 19H.

8. LE PARC ALBERT-KAHN

COMPOSÉ D'UN JARDIN FRANÇAIS, D'UN JARDIN JAPONAIS ET D'UNE ROSERAIE, IL FAUT ABSOLUMENT Y ALLER PENDANT LA SAISON DES CERISIERS EN FLEUR.
POV : PASSER UN MOMENT INOUBLIABLE.

9. LE PARC MONCEAU

CE PARC UN PEU CHIC EST REMPLI DE STATUES ET DE MURETS HISTORIQUES POUR AJOUTER AU CHARME DE L'ENDROIT.

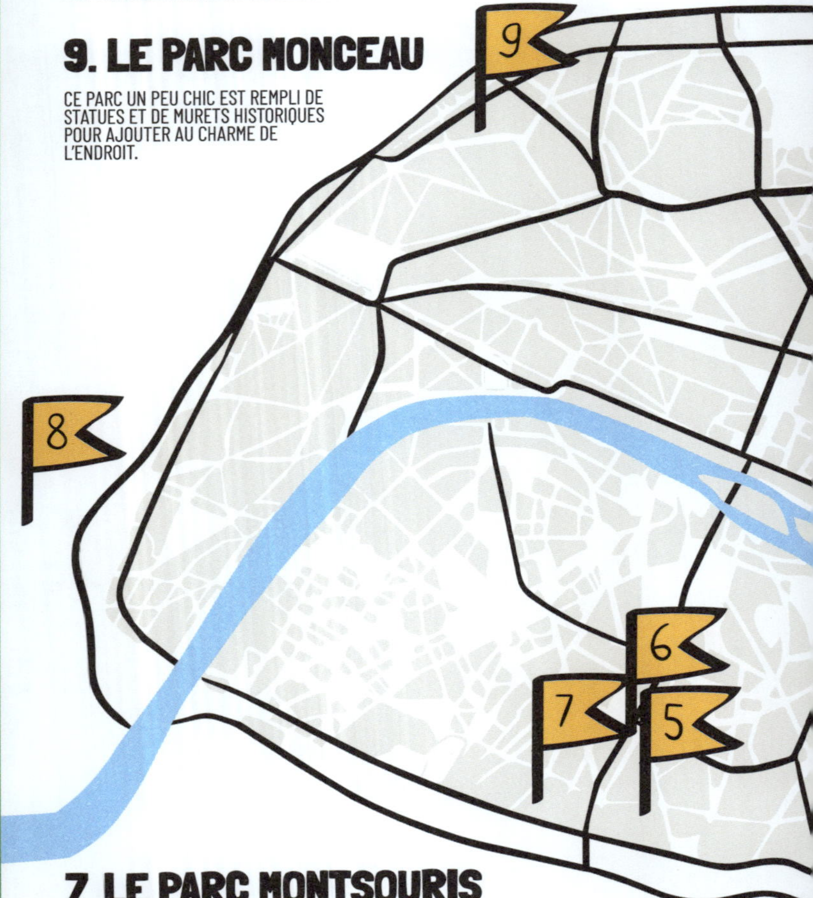

7. LE PARC MONTSOURIS

TRÈS SYMPA POUR SE POSER PUISQU'IL Y A UNE GRANDE PELOUSE CENTRALE.
PETIT PLUS : LOCATION DE PONEYS POSSIBLE.

LES PARCS À PARIS

1. LA VILLETTE

TRÈS GRAND PARC DANS LEQUEL TU POURRAS TE POSER AU BORD DU CANAL DE L'OURCQ, PROFITER DE CONCERTS OU ENCORE ALLER AU MUSÉE DE LA MUSIQUE.

2. LES BUTTES-CHAUMONT

LE PLUS GRAND PARC DE PARIS : DES GROTTES, UNE CASCADE, UN GRAND LAC ET UN BELVÉDÈRE.

3. BELLEVILLE

LE PARC DE BELLEVILLE EST EN PENTE. UNE FOIS TOUT EN HAUT, TU PEUX KIFFER LA VUE : L'UNE DES PLUS BELLES DE PARIS.

4. LE PORT DE L'ARSENAL

L'ENDROIT PARFAIT POUR TE POSER AU BORD DE L'EAU PUISQUE LE PARC EST LITTÉRALEMENT DEVANT LE BASSIN DE L'ARSENAL, C'EST COMME SI T'ÉTAIS À LA MER, OU PRESQUE !

5. LE PARC KELLERMANN

CE PARC AVEC UNE MÉNAGERIE (CANARDS, LAPINS, CHÈVRES ET POULES) DEVIENT VRAIMENT MAGNIFIQUE FIN SEPTEMBRE.

6. LA CITÉ U

ESPACE GIGANTESQUE POUR SE POSER ET DÉCOUVRIR LES AMBIANCES DES DIFFÉRENTES MAISONS INTERNATIONALES.

LA SÉLECTION SECRÈTE DE FOODGASM

FOODGASM_TRAVEL, C'EST LE COMPTE INSTAGRAM DE JESS ET MILAN : UN COUPLE FAN DE FOOD ET DE VOYAGE. AVEC LA REPRISE DU TOURISME, ILS ONT RÉUNI LEUR 2 PASSIONS POUR INVENTER LEUR NOUVEAU MÉTIER : VOYAGEUR CULINAIRE !

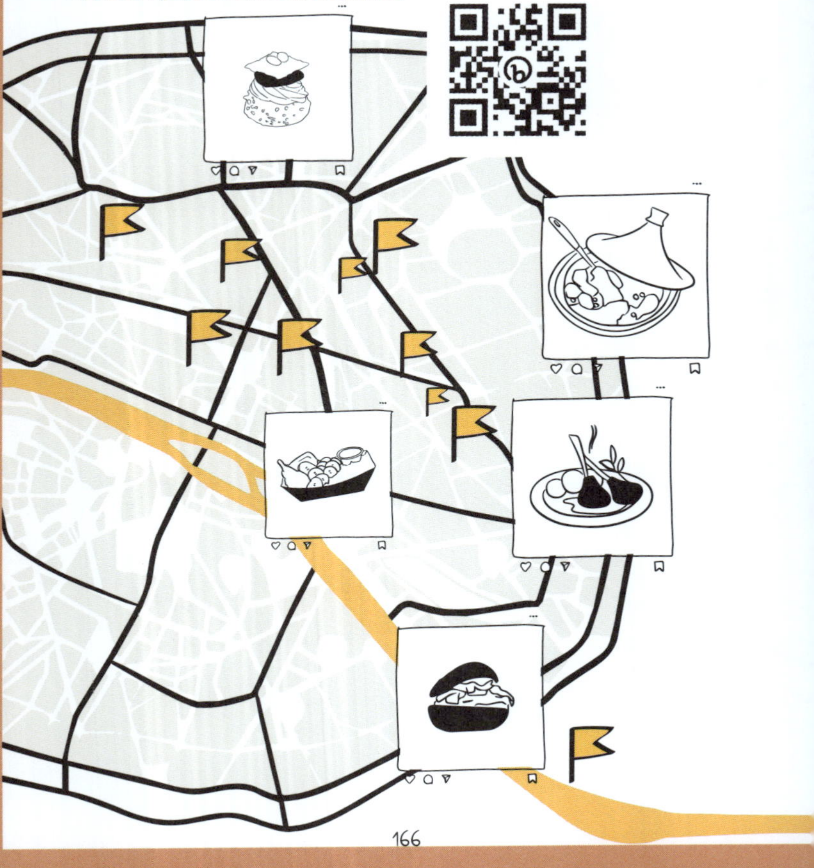

T'XUAN

56, RUE LA FAYETTE, 75009 PARIS

PRÉPARE-TOI À UNE PAUSE DANS LE SUD DE LA CHINE EN PASSANT CETTE PORTE. LE TEA TIME PAR EXCELLENCE AVEC UN LARGE CHOIX DE DESSERTS TRAVAILLÉS ET SURPRENANTS. L'OFFRE SALÉE EST À NE PAS LOUPER ÉGALEMENT.

YO MAC N CHEESE

16, AV. GAMBETTA, 75020 PARIS

DES PÂTES ET DU FROMAGE, DU TRÈS BON FROMAGE FRANÇAIS, AVEC DES RECETTES ÉTUDIÉES PAR YO, LE CHEF !

HOLYBELLY 19

19, RUE LUCIEN-SAMPAIX, 75010 PARIS

NOTRE NOUVELLE CANTINE. L'ENDROIT OÙ ON SE MET VRAIMENT EN MODE OFF POUR POUVOIR PROFITER À FOND DE NOTRE REPAS LE PLUS LONGTEMPS POSSIBLE. NE PASSE VRAIMENT PAS À CÔTÉ DE CE LIEU !

DAME JANE

39, RUE RAMPONEAU, 75020 PARIS

C'EST UN RESTAURANT DE QUARTIER PRESQUE CACHÉ QUI PROPOSE UNE CUISINE TRAVAILLÉE ET AVEC DES PRODUITS FRAIS. L'OFFRE DU MIDI A UN RAPPORT QUALITÉ-PRIX QUI DÉFIE TOUTE CONCURRENCE !

BASIS

79, RUE DE BELLEVILLE, 75019 PARIS

LA RÉFÉRENCE DES KEBABS DE PARIS. TOUJOURS À LA RECHERCHE DE NOUVELLES RECETTES TENDANCE POUR NOTRE PLUS GRAND BONHEUR ET AVEC UNE MAÎTRISE DE CHEF !

ALFRED BURGER

18, AV. JEAN-JAURÈS, 94220...

...CHARENTON-LE-PONT. BON OK, CE N'EST PAS À PARIS, MAIS CE N'EST PAS TROP LOIN ! ON TE PROMET JUSTE LE BEST BURGER DE TA VIE (RIEN QUE ÇA).

WINGS AND CHILL

70, RUE ALEXANDRE-DUMAS, 75011 PARIS

L'ENDROIT PARFAIT POUR LES AMATEURS DE POULET FRIT COMME NOUS. TOUTES LES SAUCES SONT FAITES MAISON, ET ÇA, ÇA FAIT LA DIFF.

CHEZ SHEN

39, RUE AU MAIRE, 75003 PARIS

LA CANTINE ASIATIQUE AUX PETITS PRIX PAR EXCELLENCE ET TOUJOURS AUTHENTIQUE À TRAVERS LES ANNÉES.

BOBI

17, RUE OBERKAMPF, 75011 PARIS

NOTRE TOUT PREMIER RESTAURANT PHILIPPIN ET SURTOUT L'ENDROIT POUR MANGER UN KAMAYAN DES FAMILLES AVEC LES DOIGTS ! TU VAS ADORER, ON S'EN MET PARTOUT ET C'EST TRÈS GÉNÉREUX.

TANTE FARIDA

13, RUE DE BAGNOLET, 75020 PARIS

C'EST LA TATA DU QUARTIER QUI NOUS RÉGALE AVEC DES RECETTES ORIENTALES SALÉES OU SUCRÉES. NOTRE RECOMMANDATION : LA MEHJOUBA VÉGÉTARIENNE, BIEN SÛR.

ON A BIEN FAIT D'INSISTER POUR CE CHAPITRE, PAS VRAI LECTEUR.RICE ?
hachette

CHAPITRE ULTIME

LES TOPS INVERSÉS

CLASSÉS PAR ARRONDISSEMENTS

LES TOPS INVERSÉS

PARIS 1

PARIS 2

CLASSÉS PAR ARRONDISSEMENTS

PARIS 3

PARIS 4

PARIS 5

PARIS 6

LES TOPS INVERSÉS

PARIS 7

82 **MORI YOSHIDA**
FLAN
65, AVENUE DE BRETEUIL

PARIS 8

75 **ATELIER FRATELLI**
FOCACCIA
44, RUE DE BERRI

PARIS 9

146 **AE JUNG**
CORÉEN
29, RUE SAINT-LAZARE

36 **BABKA ZANA**
BOULANGERIE
65, RUE CONDORCET

100 **BIEN BIEN**
THAÏLANDAIS
30 BIS, RUE BERGÈRE

154 **BOUILLON CHARTIER**
TRADITIONNEL FRANÇAIS
7, RUE DU FBG-MONTMARTRE

132 **GILI-GILI**
JAPONAIS
48, RUE NOTRE-DAME-DE-LORETTE

84 **LONG&TEE**
PÂTISSERIE
39, RUE LA FAYETTE

72 **MAGNÀ**
PIZZA
48, RUE NOTRE-DAME-DE-LORETTE

17, 46 **MANGEZ ET CASSEZ-VOUS !**
BURGER
39, RUE TAITBOUT

138 **NEKO RAMEN**
JAPONAIS
6, RUE DE LA GRANGE-BATELIÈRE

44 **PÈRE & FISH**
FAST GOOD
67, RUE DU FBG-POISSONNIÈRE

167 **T'XUAN**
CHINOIS
56, RUE LA FAYETTE

35 **UNION BOULANGERIE**
BOULANGERIE
2, RUE BLEUE

150 **UNITED KITCHEN**
STREET FOOD
39, RUE J.-B. PIGALLE

PARIS 10

72 **99 SAUVAGE**
ITALIEN
99, RUE DU FBG-SAINT-DENIS

17 **BEST TOFU**
CHINOIS
9, BOULEVARD DE LA VILLETTE

70 **BRICKTOP PIZZA**
PIZZÉRIA
153, QUAI DE VALMY

34 **DU PAIN ET DES IDÉES**
BOULANGERIE
34, RUE YVES-TOUDIC

CLASSÉS PAR ARRONDISSEMENTS

PARIS 11

PARIS 12

LES TOPS INVERSÉS

PARIS 13

123 **K-CHIMAEK**
CORÉEN
139, RUE DE TOLBIAC

109 **MILORD PARIS 13**
BRASSERIE GASTRONOMIQUE
12, RUE DE TOLBIAC

122 **MISSO**
CORÉEN
27, RUE DU MOULIN-DES-PRÉS

138 **TENDERNESS**
SANDWICH
4, RUE CHARLES-MOUREU

PARIS 15

123 **IDAM**
CORÉEN
12, RUE BEAUGRENELLE

PARIS 17

140 **XIANG PIAO PIAO**
CHINOIS
4 BIS, RUE DAVY

PARIS 18

108 **AUJOURD'HUI RESTAURANT**
GASTRONOMIQUE
3, RUE LETORT

20 **GEMÜSE KEBAP**
KEBAB
61, RUE RAMEY

144 **LA MAIN NOIRE**
COFFEE SHOP
12, RUE CAVALLOTTI

65 **LE HASARD LUDIQUE**
BAR + SALLE DE CONCERTS
128, AVENUE DE SAINT-OUEN

30 **SHINYA PAIN**
BOULANGERIE
41, RUE DES TROIS-FRÈRES

PARIS 19

103 **AMASIAM LAOSIAM**
VIETNAMIEN / THAÏ / LAOTIEN
49, RUE DE BELLEVILLE

20, 167 **BASIS KEBAB**
KEBAB
79, RUE DE BELLEVILLE

65 **LE PAVILLON DES CANAUX**
FRANÇAIS / BRUNCH
39, QUAI DE LA LOIRE

PARIS 20

HORS PARIS

VOUS POUVEZ RETROUVER TOUTE CETTE SÉLECTION SUR NOTRE SITE ULTIME....

NOTRE MÉTIER ? VOUS RÉGALER.

SUIVEZ NOS AVENTURES SUR INSTA !

@LEGUIDEULTIME

PLUSIEURS ÉNIGMES SONT CACHÉES DANS LES PAGES DE CE GUIDE, CHERCHEZ BIEN !

NOTEZ QUE CES OFFRES SONT RÉSERVÉES UNIQUEMENT AUX ACHETEURS DU GUIDE ULTIME, SELON LES CONDITIONS DÉCRITES POUR CHACUNE ET SUR PRÉSENTATION DU GUIDE AU RESTAURATEUR, DANS LA LIMITE D'UN LOT PAR ÉNIGME ET PAR PORTEUR DU GUIDE.

ATTENTION : CES OFFRES SONT VALABLES UNIQUEMENT JUSQU'AU 31 DÉCEMBRE 2022.

P.-S. : VOUS POUVEZ ESSAYER DE NOUS DM SUR INSTA POUR QU'ON VOUS DONNE DES INDICES. ON NE VOUS PROMET PAS DE VOUS RÉPONDRE, MAIS VOUS N'AVEZ RIEN À PERDRE À ESSAYER.

HIHIHI.

NORA, J'AI FINI.
J'AI TOUT ÉCRIT :)
le Guide ULTIME
Chapitre 1
Chapitre 2
20 SEPTEMBRE : 0 PAGE. lol
BON
LOOOOOL
RESTONS CALME.
176 PAGES,
6 JOURS.

DU 26 SEPTEMBRE
AU 1ER OCTOBRE :
ON VA JAMAIS
Y ARRIVER
OK
CEST PARTI
HÉÉÉÉÉ
MACARENA
NORA, TU M'ENVOIES
LA 1RE VERSION
Y A PAS DE
1RE VERSION
J'AI CHOPPÉ
LE COVID (OUI)
OUI, CÉCILE,
ÇA AVANCE SUPER
DORMIR DORMIR
DORMIR
ZZZ
ALLEZ
ON S'Y REMET
JE VAIS VRAIMENT
JAMAIS Y ARRIVER
WHAT THE FUCK
J'AI FINI
DOMMAGE QUE TU N'AIES
PAS SIGNÉ LE CONTRAT :)
hachette

REMERCIEMENTS

VICTOR REMERCIE

MERCI À ALI, LES DEUX KARIM ET TOUS LES AUTRES QUI NOUS ONT REJOINTS DANS CETTE SUPERBE AVENTURE.

MERCI À TOUS LES RESTAURATEURS DE M'INSPIRER ET DE ME RÉGALER AU QUOTIDIEN.

MERCI À NORA, SANS QUI CE LIVRE NE SERAIT RIEN D'AUTRE QU'UN GOOGLE DOC UN PEU MOCHE.

ET POUR PLUS DE BONS PLANS, ABONNE-TOI !

NORA REMERCIE

MERCI À HACHETTE ET CÉCILE DE NOUS AVOIR SOUTENUS ET PROPULSÉS (INCHALLAH).

MERCI À VICTOR D'ÊTRE VICTOR.

MERCI À MES PROCHES : OUI, JE VAIS RÉPONDRE À VOS MESSAGES BIENTÔT.

MERCI À MA TEAM, QUE DES MEUFS BIEN TROP STYLÉES.

ET MERCI À LA VIE, D'EXISTER :)

AUTEURS :
VICTOR HABCHY + NORA BARAULT

AVEC LES CONTRIBUTIONS DE
KARIM DE HAPPYCOOK.FR
JESS ET MILAN DE FOODGASM_TRAVEL

ET SURTOUT :
ALI LAIR ET A. KARIM MEGHARBI

CONCEPTION GRAPHIQUE :
NORA BARAULT POUR ETMERCI.CO

PHOTOGRAPHIES :
MEHDI BUDOKAI POUR ETMERCI.CO

ILLUSTRATIONS :
SOLÈNE DELGRANGE POUR ETMERCI.CO
NORA BARAULT POUR ETMERCI.CO
MERIEM BOUZID POUR ETMERCI.CO

EMOJIS : FREEPIK.COM
MISE EN PAGE : VÉRONIQUE JOFFROY POUR MAOGANI

HACHETTE TOURISME
DIRECTION : SIDONIE CHOLLET
DIRECTION ÉDITORIALE : CÉCILE PETIAU
LECTURE-CORRECTION : MAGALI VIDAL
A ÉGALEMENT COLLABORÉ À CET OUVRAGE : ÉMILIE SAINT-PASTOU
FABRICATION : LIZA SACCO

CONTACT PRESSE :
RACHIDA MAZEF - 01 43 92 36 66
RMAZEF@HACHETTE-LIVRE.FR

L'ÉDITEUR REMERCIE CHALEUREUSEMENT DENIS MIGNAN ET MARIE-LAURE DESMOULINS POUR LEUR AIDE ET LEUR PATIENCE.

ÉDITÉ PAR HACHETTE LIVRE
58, RUE JEAN-BLEUZEN, CS 70007,
92178 VANVES CEDEX.
DÉPÔT LÉGAL : DÉCEMBRE 2021.
ISBN : 978-2-0139-5908-7 — 8878639
ÉDITION 1

IMPRIMÉ EN FRANCE
PAR POLLINA - 99823.
ACHEVÉ D'IMPRIMER :
OCTOBRE 2021.

VOS TOPS NOTES

DRIIING
ALLÔ ? HA ! HACHETTE ! ÇA VA ?
OUI VICTOR, ON SE DEMANDAIT, VOUS FAITES QUELQUE CHOSE L'ANNÉE PROCHAINE ?
hachette
CLIC
FIN
TUUUUT
LA SUITE BIENTÔT.